A. MEILLET

CARACTÈRES GÉNÉRAUX DES LANGUES GERMANIQUES

LIBRAIRIE HACHETTE

Caractères généraux des Langues Germaniques

DU MÊME AUTEUR

De indo-europaea radice *men- « *mente agitare* », 1897, Paris (Bouillon ; Champion, successeur).

Études sur l'étymologie et le vocabulaire du vieux slave, 1re partie, 1902 ; 2e partie, 1905, Paris (Bouillon ; Champion, successeur).

Esquisse d'une grammaire comparée de l'arménien classique. 1903, Vienne (Autriche), chez les P. P. Mekhitharistes.

De quelques innovations de la déclinaison latine, 1906, Paris (Klincksieck).

Les dialectes indo-européens, réimpression, 1922, Paris (Champion).

Armenisches Elementarbuch. 1913, Heidelberg (Winter).

Aperçu d'une histoire de la langue grecque, 2e édition, 1920, Paris (Hachette).

Grammaire du vieux perse, 1915, Paris (Guilmoto ; Challamel, successeur).

Introduction à l'étude comparative des langues indo-européennes, 5e édition, 1922, Paris (Hachette).

Les langues dans l'Europe nouvelle, 1918, Paris (Payot).

Linguistique historique et linguistique générale. 1921, Paris (Champion), 2e édition sous presse.

Grammaire polonaise (en collaboration avec Mme de Willman-Grabowska), 1922, Paris (Champion).

Traité de grammaire comparée des langues classiques (en collaboration avec J. Vendryes), 1924, Paris (Champion).

Le slave commun, 1924, Paris (Champion).

CHARTRES. — IMPRIMERIE DURAND, RUE FULBERT (4-1926).

A. MEILLET

Professeur au Collège de France
Directeur d'études à l'École des hautes études
Membre de l'Institut.

Caractères généraux
des
Langues Germaniques

TROISIÈME ÉDITION
REVUE, CORRIGÉE ET AUGMENTÉE

LIBRAIRIE HACHETTE
79, BOULEVARD SAINT-GERMAIN, PARIS

A LA MÉMOIRE

DE MES ANCIENS ÉLÈVES GERMANISTES

MORTS POUR LEUR PAYS

Achille BURGUN

Robert GAUTHIOT

AVERTISSEMENT

———

Chacune des langues du groupe indo-européen a son caractère propre. Les linguistes ont beaucoup fait pour montrer comment chaque langue s'explique au moyen des éléments indo-européens dont la grammaire comparée a révélé l'existence. Il n'est pas moins utile de mettre en évidence l'originalité des diverses langues. L'objet du présent petit ouvrage est de marquer ce que le développement des langues germaniques a de particulier entre toutes les langues indo-européennes.

On n'a pas cherché à y expliquer tous les faits de la phonétique et de la grammaire, mais seulement à faire ressortir les innovations qui ont donné au groupe germanique un aspect spécial.

L'unité germanique n'a existé qu'avant l'époque historique. Quand les langues germaniques ont été fixées par écrit, à des époques diverses, elles étaient déjà distinctes les unes des autres. Et, depuis, elles n'ont pas cessé de diverger de plus en plus. Un ouvrage qui porte sur les langues germaniques dans leur ensemble doit donc s'attacher surtout aux formes les plus anciennes de ces langues, parce que ces formes sont les plus voisines de la période d'unité.

Mais, pour distincts et indépendants qu'ils soient, les développements des langues germaniques sont demeurés parallèles entre eux, parce qu'ils sont commandés par les changements initiaux qui se sont produits à l'époque de l'unité. Examiner la période ancienne du germanique, c'est donc expliquer déjà en partie l'état présent du groupe. On a constamment cherché à indiquer comment le développement conduit du type encore très archaïque du germanique commun au type tout moderne de l'anglais.

Je remercie les amis qui ont bien voulu revoir les épreuves de ce travail et m'aider de leurs avis.

M. R. Gauthiot, qui tenait à examiner tout ce

petit livre, n'en a pu lire que l'introduction. La mort m'a privé de ses conseils pour le reste.

MM. Maurice Cahen, M. Grammont et J. Vendryes ont lu chacun une épreuve et m'ont fourni nombre de corrections ; M. Jules Bloch et M. Marcel Cohen, qui sont aux armées, et qui ont voulu y recevoir des épreuves, m'ont envoyé, de leurs tranchées et de leurs cantonnements du front, d'utiles indications.

11 novembre 1916.

Paru durant la guerre, ce petit livre n'a pu tenir compte de certaines publications. Il ne semble pas, néanmoins, qu'il y ait lieu de le remanier profondément. Car les questions litigieuses y sont négligées de parti pris.

Dans cette nouvelle édition, on s'est borné à corriger des fautes, à modifier par endroits la rédaction, à préciser par là certaines théories, et à ajouter quelques compléments, en particulier un petit chapitre sur la composition.

Septembre 1922.

Cette nouvelle édition n'appelait pas encore de modifications profondes. On s'est borné à quelques corrections de détail dues en grande partie à une revision qu'a bien voulu faire M. Maurice Cahen. On a fait quelques additions pour marquer les influences qui s'aperçoivent dans le développement du germanique.

Cette nouvelle édition était sous presse quand j'ai reçu l'article de *The Germanic Review*, I, p. 47-71, où M. Prokosch discute et repousse l'hypothèse de l'action d'un « substrat » non indo-européen qui a été faite pour expliquer les caractères propres du germanique. Même après les objections de M. Prokosch, la théorie me semble solide. Pour juger de l'action d'un « substrat » en matière de prononciation ou de grammaire, il suffit d'observer les formes que prend, dans la France méridionale où il est un idiome emprunté, le français parisien. Le phonétisme germanique est un phonétisme indo-européen, transposé dans un système d'habitudes étrangères et de tendances étrangères. Chaque langue indo-européenne prêterait, plus ou moins nettement, à des observations pareilles.

Mars 1926.

A. M.

———

BIBLIOGRAPHIE

Dans un petit livre comme celui-ci, il ne saurait être question de donner, même sommairement, la bibliographie des travaux relatifs aux langues germaniques. Il suffira d'indiquer quelques ouvrages, où l'on trouvera, avec une bibliographie plus étendue, le moyen de compléter les indications très brèves données dans le présent ouvrage.

La meilleure orientation sur la linguistique générale est fournie par le *Cours de linguistique générale* de F. DE SAUSSURE, le *Langage* de J. VENDRYES (Paris, 1921); *Language* de SAPIR (New-York, 1921); *Language* de JESPERSEN (Londres, 1922).

Pour la phonétique descriptive, on pourra recourir à divers manuels, notamment : ROUDET, *Éléments de phonétique générale* (Paris, 1910); SWEET, *A primer of phonetics* (Oxford, 1906); P. PASSY, *Petite phonétique comparée des principales langues européennes* (Leipzig, 1906); JESPERSEN, *Lehrbuch der Phonetik* (Leipzig, 1913).

Sur la grammaire comparée en général, il n'existe

qu'un grand manuel, le *Grundriss der vergleichen-
den Grammatik der indogermanischen Sprachen,* de
BRUGMANN et DELBRÜCK, dont les volumes I et II ont
paru complètement en seconde édition ; un abrégé
de cet ouvrage, la *Kurze vergleichende Grammatik,* de
BRUGMANN, a été traduit en français, sous le titre de :
Abrégé de grammaire comparée (Paris, 1905).

On trouvera un aperçu des principes de la grammaire comparée dans : A. MEILLET, *Introduction
à l'étude comparative des langues indo-européennes*
(5e édition, Paris, 1922).

Pour la grammaire comparée du germanique en
particulier, on consultera, en français, le *Précis de
grammaire comparée de l'anglais et de l'allemand* (2e
édition, Paris, 1907) de V. HENRY ; en allemand,
LOEWE, *Germanische Sprachwissenschaft* (3e édition,
1918 ; 2 volumes) ; KLUGE, *Urgermanisch, Vor-
geschichte der altgermanischen Dialekte* (Strasbourg,
1913, l'un des volumes de la 3e édition du *Grundriss
der germanischen Philologie*) ; STREITBERG, *Urgerma-
nische Grammatik* (la mort récente de l'auteur ne
permet plus d'espérer la 2e édition attendue) ; DIETER,
Laut- und Formenlehre der altgermanischen Dialekte
(Leipzig, 1903) ; WILMANNS, *Deutsche Grammatik*
(Strasbourg, maintenant Berlin) ; R.-C. BOER, *Oorger-
maansch Handboek,* Harlem, 1918.

Sur l'histoire des divers dialectes germaniques, on
consultera les volumes du *Grundriss der germani-*

schen Philologie, dont la troisième édition se compose de fascicules séparés, et les collections de grammaires ; les deux principales sont dirigées l'une par M. BRAUNE, chez l'éditeur Niemeyer, à Halle — on y remarque surtout les grammaires du vieil anglais, par M. SIEVERS, du vieux haut allemand, de M. BRAUNE, et du vieil islandais et du vieux suédois M. NOREEN, — l'autre par STREITBERG, chez l'éditeur Winter, à Heidelberg — on y remarque surtout le *Gotisches Elementarbuch,* de STREITBERG ; le *Althochdeutsches Lesebuch für Anfänger* de M. Mansion est clair et facile à manier. Voir aussi *Althochdeutsche Grammatik* et *Althochdeutsches Lesebuch,* de H. Naumann (deux volumes de la collection Göschen). Les débutants trouveront commode de s'orienter avec des petits livres comme *Unser Deutsch* de KLUGE (collection *Wissenschaft und Bildung*) ; *Die deutschen Mundarten* de REIS et *Plattdeutsche Mundarten* de GRIMME (collection Göschen). En français, on doit signaler l'*Histoire de la langue allemande* de M. H. LICHTENBERGER (Paris, 1895) et la *Phonétique allemande* de M. PIQUET (Paris, 1907). Pour l'anglais, on aura un profit particulier à étudier les ouvrages de M. JESPERSEN et notamment *Growth and structure of the English language* (2e édition, Leipzig, 1912), *Progress in language with special reference to English* (Londres, 1909). La *Petite histoire de l'anglais* de WYLD existe en édition anglaise et en traduction allemande.

Pour l'étymologie, un bon exposé d'ensemble de l'étymologie du germanique manque ; on pourra se servir, avec critique, du *Wortschatz der germanischen Spracheinheit* de FALK et TORP (3ᵉ volume de la 4ᵉ édition de l'*Etymologisches Wörterbuch* de FICK). L'*Etymologisches Wörterbuch der deutschen Sprache* de M. KLUGE (9ᵉ édition, Berlin, 1921) est un livre excellent, ainsi que la 2ᵉ édition de l'*Etymologisch woordenboek der nederlandsche taal* de FRANCK, par M. N. van WIJK (La Haye, 1910 et suiv.). Pour le gotique voir la 2ᵉ édition du *Kurzgefasstes etymologisches Wörterbuch der gotischen Sprache* de M. UHLENBECK, et surtout la 2ᵉ édition de l'*Etymologisches Wörterbuch der gotischen Sprache*, de M. FEIST, Halle, 1923, bien au courant et bonne. Pour le scandinave, on a l'*Etymologisk Ordbok over det norske og det danske sprog* de FALK et TORP (Kristiania, 1903-1906), dont il existe une traduction allemande (chez Winter, à Heidelberg) ; et le *Svensk etymologisk ordbok* de M. E. Hellquist, Lund, 1922.

Quant à la préhistoire du germanique, on renverra surtout à S. FEIST, *Indogermanen und Germanen* (3ᵉ édition, Halle, 1926).

Pour la bibliographie annuelle, on dispose du *Jahresbericht über die Erscheinungen auf dem Gebiete der germanischen Philologie* (Leipzig, depuis 1880), et actuellement, depuis 1914, de l'*Indogermanisches Jahrbuch* édité par l'*Indogermanische Gesellschaft*.

ABRÉVIATIONS

———

Dans les ouvrages de grammaire comparée, il est d'usage de faire précéder chaque mot cité d'une indication abrégée marquant la langue à laquelle appartient le mot. La plupart de ces abréviations sont claires et se résolvent aisément. Voici les principales de celles qu'on a employées ici :

all.	allemand.	i.-e.	indo-européen.
angl.	anglais.	irl.	irlandais.
arm.	arménien.	isl.	islandais.
comm.	commun.	lat.	latin.
germ.	germanique.	lit.	lituanien.
got.	gotique.	sax.	saxon.
gr.	grec.	skr.	sanskrit.
h. a.	haut allemand.	v.	vieux.

D'autres abréviations se rapportent aux termes grammaticaux :

nom.	nominatif.	sg.	singulier.
acc.	accusatif.	plur.	pluriel.
gén.	génitif.	pers.	personne.
etc.			

cf. signifie « comparez ».

L'astérisque indique une forme non attestée, restituée par hypothèse pour la clarté de l'exposition.

Un petit trait placé avant ou après une forme indique que cette forme n'est pas citée au complet; si, par exemple, on cite une désinence -*m*, on la fera précéder d'un trait, pour marquer que l'élément radical n'est pas donné.

Le signe $>$ indique le passage d'une forme plus ancienne à une plus récente: $p > f$ indique le changement d'un ancien p en f.

CARACTÈRES GÉNÉRAUX
DES LANGUES GERMANIQUES

INTRODUCTION

Le groupe des langues germaniques fait partie des langues indo-européennes. Mais, parmi ces langues, il présente un aspect tout particulier.

On est convenu d'appeler « indo-européennes » toutes les langues qui, comme l'indo-iranien, le grec, le latin, le celtique, le slave, sont des transformations diverses d'un original commun, dit indo-européen.

La communauté d'origine se reconnaît à ce que ces langues concordent à beaucoup d'égards ; et c'est en observant les concordances qu'on arrive à restaurer, par hypothèse, mais de manière sûre, l'original commun, non attesté, des diverses langues indo-européennes. La grammaire comparée des langues indo-européennes a pour premier objet de faire la théorie de ces concordances.

Mais, dans les formes attestées des langues du

groupe, les traits concordants ne sont que des survivances. Aucune de ces langues, même dans ses dialectes les plus anciennement fixés par écrit, n'offre une image exacte et complète de ce qu'était le système indo-européen. Les védas et les gāthās de l'Avesta offrent déjà pleinement le type indo-iranien, les védas sous forme indienne, les gāthās sous forme iranienne ; les poèmes homériques sont tout à fait du grec. Or, ce sont, de beaucoup, les plus anciens monuments des langues indo-européennes, et les plus archaïques.

Dès la date la plus ancienne, chacune des langues du groupe se présente avec un système propre. Les éléments avec lesquels a été construit ce système sont indo-européens. Mais le système est nouveau. Il convient donc d'examiner chaque langue pour mettre en évidence ce qu'elle a de spécial.

Il ne faut pas s'arrêter aux changements réalisés. Les changements acquis sont intéressants, en tant qu'ils servent de points de départ pour la suite de l'histoire de la langue. Mais ce qu'il convient de rechercher avant tout, ce sont les tendances qui dirigent le développement ; il faut reconnaître, pour ainsi dire, les principes actifs du changement. On se borne trop, bien souvent, à constater que, à tel état de choses indo-européen, telle langue répond par un autre état. Les changements qui se produisent résultent presque toujours de grandes tendances. Ces tendances agissent avant de se manifester, et elles continuent d'agir longtemps après leur première manifestation. Il faut ramener les changements aux tendances dont ils procèdent. Sans doute le détail des actions échappe ; mais les lignes générales importent plus que le détail.

Les langues sont d'autant plus intéressantes à observer à ce point de vue que les innovations qu'elles ont subies sont plus essentielles et affectent davantage l'ensemble du système. Le germanique, qui a disloqué le système indo-européen et qui s'est constitué une prononciation neuve, une grammaire neuve, peut conserver autant d'éléments indo-européens qu'on voudra : c'est une langue autre que l'indo-européen. Une linguistique qui s'acharne à déterminer l'origine indo-européenne de chacun des menus éléments du germanique sans mettre en évidence les principes de nouveauté de ce groupe de langues reste attachée à des curiosités de portée médiocre et néglige l'essentiel.

En laissant de côté le plus qu'il sera possible le détail des faits, on voudrait ici marquer les grands traits du développement des langues germaniques. Les développements considérés ont commencé bien avant la période où le germanique est attesté par des monuments écrits, et ils se sont poursuivis, pour la plupart, au cours de la période historique ; pour une partie au moins, les tendances considérées continuent d'agir jusqu'à présent et de donner aux langues germaniques une physionomie propre parmi les langues indo-européennes. En séparant les faits préhistoriques de ceux des périodes ultérieures, on dissocie souvent des événements qui relèvent de la même tendance : beaucoup de faits qui étaient en voie de développement à la date des plus anciens textes et qui ont commencé de se produire avant le moment où ces textes ont été fixés, n'ont abouti que plus tard, et certains tout récemment. Plusieurs des tendances au changement continuent, actuellement encore, à produire leurs effets. Ce sont ces tendances qu'on voudrait faire ressortir.

Sont dites germaniques toutes les langues indo-européennes qui, soit dans les formes qu'offrent leurs plus anciens monuments, soit dans les tendances de leur développement, offrent certaines innovations qui seront décrites ci-dessous.

Ces innovations communes et ces tendances communes sont nombreuses et fortement caractéristiques ; elles supposent que, comme toutes les langues indo-européennes sont des transformations d'un même idiome plus ancien, de même toutes les langues dites germaniques sont des transformations d'un même idiome, qui est une forme particulière prise par l'indo-européen. C'est cet idiome qu'on conviendra d'appeler « germanique commun ».

On s'abstiendra de rechercher ici où et quand s'est parlé l'idiome ainsi désigné ; pour le lieu, il faut penser à la partie centrale de l'Europe, peut-être aux plaines du Nord de l'Allemagne; pour le temps, on ne se trompera guère en pensant aux deux ou trois siècles qui ont précédé le commencement de l'ère chrétienne. Mais les données historiques manquent, et il serait imprudent d'essayer de préciser.

Les langues germaniques se répartissent entre trois groupes : gotique — scandinave — germanique occidental.

Le groupe gotique a sûrement été important. Mais les Gots, de tempérament conquérant, se sont dispersés loin de leur domaine originel. Ils ont créé des royaumes en Espagne, en France, en Italie, dans les Balkans. Aventurés au loin, ils se sont fondus, après des succès brillants, dans les populations sur lesquelles ils avaient établi, pour un peu de temps, leur domination. Leur langue a ainsi disparu partout. On a au xviᵉ siècle relevé en Crimée quelques mots d'un parler gotique qui y persistait encore; mais, là aussi, le gotique est sorti de l'usage. Nulle part, il ne subsiste une population qui emploie un parler gotique. Sauf les noms propres des chefs gots, on ignorerait tout du gotique si l'évêque got Ul-fila n'avait traduit, au ɪᴠᵉ siècle, les livres saints du christianisme, fondant ainsi une langue littéraire go-tique, et si des fragments importants de cette traduction, surtout des fragments du Nouveau Testament, et aussi quelques petits morceaux composés dans la même langue, n'avaient été conservés. Quand on parle du gotique, on entend donc toujours la langue qu'a fixée par écrit l'évêque Ulfila. Faite dans la péninsule balkanique, sur un original grec, cette traduction a le caractère des traductions orientales : l'auteur a constitué un alphabet pour noter les sons du gotique ; il a posé des formes régulières et constantes. Il n'y a dans tout le germanique rien d'aussi régulier que le gotique parce que c'est une langue littéraire qu'a constituée un homme cultivé, à un moment déterminé, en s'appuyant sur un parler déterminé.

En raison de la date, relativement ancienne, où il a été fixé, le gotique de Ulfila offre l'une des formes les plus archaïques du germanique. Mais le gotique, langue d'un peuple migrateur et conquérant, était, au IVe siècle, un dialecte relativement avancé dans son développement ; beaucoup d'autres parlers germaniques de la même époque étaient plus conservateurs. Le gotique du IVe siècle a déjà effacé certaines des anciennes particularités germaniques qui sont encore d'usage courant dans des textes scandinaves ou germaniques occidentaux bien postérieurs.

Le groupe scandinave, dit aussi nordique, s'est

maintenu jusqu'à présent, et les trois dialectes qu'offrent les plus anciens monuments sont représentés dans l'usage actuel par les parlers norvégiens (et islandais), suédois et danois.

De ces trois dialectes, on a des inscriptions en un alphabet propre aux peuples germaniques, qui est connu sous le nom d'alphabet runique. Les plus anciennes des inscriptions sont peut-être du IIIe siècle ap. J.-C.; mais l'usage de l'alphabet runique s'est conservé longtemps et n'avait pas encore cessé au XIIIe siècle. Les vieilles inscriptions runiques sont courtes pour la plupart, et souvent obscures; dans la mesure où elles apportent des témoignages linguistiques, elles sont précieuses. Car le nordique des IVe-Ve siècles ap. J.-C. avait conservé un caractère très archaïque, et la langue des premières inscriptions runiques est, de beaucoup, ce qui se rapproche le plus du germanique commun; elle est sensiblement plus archaïque que le gotique de même date. Les finales sont mieux conservées; là où le gotique a le nominatif *gasts* « hôte », le vieux norrois runique a encore -*gastiʀ*, avec -*i*-, tout comme lat. *hostis*; là où le gotique a l'accusatif *stain* « pierre », avec la finale entièrement perdue, le vieux norrois runique a *staina*.

Après le XIe siècle, il y a des manuscrits des trois principaux dialectes scandinaves.

La première grande langue littéraire qui s'est

constituée parmi les parlers nordiques est celle de l'Islande, colonie norvégienne ; il y a eu là une grande littérature, du xiie au xive siècle : aussi la forme sous laquelle on cite le plus ordinairement l'ancien nordique est-elle celle que fournissent les manuscrits des œuvres littéraires islandaises de cette période ; c'est ce que l'on appelle le vieil islandais.

Le groupe occidental est moins un que le groupe nordique. Il comprend le groupe anglais, dont les parlers frisons sont assez rapprochés, et le groupe allemand, où l'on distingue le haut allemand, le bas allemand ou saxon, et le néerlandais.

C'est le groupe dont les premiers monuments sont le moins anciens. On ne commence à connaître, au début surtout par des gloses, le vieil anglais que depuis le viie siècle, le vieux haut allemand que depuis le viiie, le vieux saxon que depuis le ixe.

De plus, durant toute la période ancienne, il ne s'est constitué sur aucun de ces domaines une langue littéraire une. En Angleterre, les textes présentent des formes linguistiques très diverses. Quant au vieux haut allemand, rien n'est moins un : il n'y a presque pas deux textes qui présentent le même aspect ; les divergences entre les écrits alémaniques, bavarois et franconiens sont fortes ; d'autre part, aucune tradition n'étant fixée, chaque auteur, chaque copiste a tenu compte, dans une certaine mesure, de l'état de la langue à son époque, dans sa région. Le nom de vieux haut allemand s'applique donc à des formes diverses qui ont été écrites sur le domaine haut allemand du VIIIe au XIIe siècle surtout dans les monastères, de même que le nom de vieil anglais s'applique aux formes employées en Angleterre du VIIe au XIIe siècle. Mais il n'y a là aucune unité comparable à celle du gotique ou même du vieil islandais.

Cette situation tient à ce que, sur le domaine germanique occidental, la langue savante qui s'écrivait était le latin. Les parlers germaniques n'ont été écrits d'abord que pour gloser le latin.

Toute donnée précise manque pour déterminer où et comment se sont formés ces trois groupes bien définis. Les populations de langue germanique ont été très actives, très conquérantes, et, dès le moment où elles apparaissent dans l'histoire, elles s'efforcent d'étendre leur domaine. Il y a donc, dans le terrain occupé par les trois groupes au début de l'époque historique, une large part de conquêtes, et par suite un fort contingent de populations assimilées parmi celles qui emploient ces trois dialectes.

La façon dont la langue est notée durant les périodes anciennes de chaque dialecte est manifestement sincère, et l'on peut faire fond en général sur les formes livrées par les inscriptions runiques et par les plus vieux textes, soit gotiques, soit scandinaves, soit germaniques occidentaux. Les premiers textes conservés sont voisins du moment où chacun des parlers germaniques a été pour la première fois noté par écrit.

En effet les Germains sont longtemps demeurés fidèles à l'usage indo-européen suivant lequel on n'écrivait pas les choses religieuses. Les vieilles inscriptions runiques sont de caractère profane ou magique; ce sont en notable partie des épitaphes. Les premiers textes qu'on possède sont chrétiens, soit chez les Gots, où il a été fait une traduction de la Bible, suivant l'usage oriental, soit chez les populations allemandes et anglaises, où il a été écrit des ouvrages d'édification. Les textes de vieux haut allemand sont une littérature de couvents. La littérature épique de l'Islande date d'un temps où la conversion au christianisme était achevée. Il est probable que, chez les anciens Germains, l'écriture ne s'est introduite que tardivement. Il y a eu là quelque chose de voulu : car les Germains étaient en contact avec des peuples qui écrivaient. Ni les inscriptions runiques ni les premiers textes, tous chrétiens, ne portent clairement la trace de leur ancienne culture.

Il semble bien que, partout, et notamment sur le domaine occidental, les notations anciennes des parlers germaniques soient sincères et ingénues. Par malheur, l'alphabet runique de vingt-quatre caractères ne permettait que des indications sommaires et imparfaites ; et les notations faites à l'aide de l'alphabet latin, mal adapté à la prononciation des parlers germaniques, sont gauches et incohérentes. Seul, le gotique a été noté systématiquement et d'une manière réfléchie.

Grâce à la multiplicité des formes dialectales, on arrive à se faire une idée assez complète de ce qu'a pu être le germanique commun. Mais, en rapprochant les formes attestées par les plus anciens textes des divers parlers, on ne devra jamais perdre de vue que les langues germaniques étaient en état d'évolution rapide au début de l'époque historique, et qu'elles ont continué d'évoluer très vite. A en juger par l'état de choses qu'offrent les premières inscriptions runiques et le gotique, le germanique commun était très archaïque. Par rapport à l'indoeuropéen, beaucoup de changements capitaux étaient déjà réalisés ; mais beaucoup d'autres étaient seulement amorcés. Les tendances qui devaient aboutir à transformer profondément la langue existaient ; mais elles n'avaient pas toutes abouti à des réalisations visibles.

Les formes germaniques communes que la comparaison des dialectes amène à restituer divergent souvent beaucoup de celles des plus anciens textes. Soit par exemple le nominatif got. *stains,* v. isl. *steinn,*

v. angl. *stān,* v. sax. *stēn,* v. h. a. *stein* « pierre » ; la forme norroise runique, qui est *stainaʀ,* et la comparaison avec les emprunts anciens du finnois au germanique (ainsi finnois *kuningas* « roi », en face du v. sax. *kuning*) amènent à poser, comme forme germanique commune, **stainaʒ,* qui n'est attesté nulle part. Le gotique et les emprunts finnois excluent -ʀ, qui est la consonne finale norroise runique ; certains faits gotiques montrent que -*s* du got. *stains* représente un ancien **-ʒ.* De là la restitution **stainaʒ.* La finale **-aʒ* restituée ainsi est précisément celle que l'on attend ; car la finale indo-européenne de la flexion sur laquelle repose le type germanique de **stainaʒ* était **-os* (grec *-os,* vieux latin *-os*) ; et l'**o* indo-européen est représenté par germ. **a,* **-s* final indo-européen par germ. **-ʒ.* La restitution **stainaʒ* pour le germanique commun se trouve confirmée par le fait qu'elle concorde avec la forme que font prévoir les règles générales de correspondance entre le germanique et l'indo-européen.

Dès les premiers siècles de l'ère chrétienne au moins, les dialectes germaniques : gotique, scandinave, occidental, se sont développés indépendamment les uns des autres. Et bientôt même, chacun des groupes à l'intérieur des grands dialectes a eu son autonomie : le développement des parlers anglais est devenu indépendant de celui des parlers allemands dès l'installation des conquérants angles et saxons en Angleterre.

Ainsi qu'on doit l'attendre, l'identité du point de départ et l'identité des tendances héritées du germanique commun ont déterminé un parallélisme de développement entre les diverses langues germaniques. Étant indépendants les uns des autres, ces développements aboutissent souvent à des résultats différents dans le détail. On a vu ainsi comment une même forme germanique commune *stainaz, subissant partout les effets de la tendance à la réduction des finales (et aussi à l'altération des diphtongues, en ce qui concerne *ai* de la première syllabe), a donné norr. run. *stainaʀ* (d'où v. isl. *steinn*) — got. *stains* — germ. occ. *stain,* d'où v. angl. *stān,* v. sax. *stēn,* v. h. a. *stein*.

Cependant il arrive aussi que le développement parallèle, mais indépendant, des dialectes germaniques, après l'époque germanique commune, fournisse des résultats identiques. Par exemple l'accusatif singulier germ. comm. *stainan* devient got. *stain,* v. isl. *stein,* v. angl. *stān,* v. sax. *stēn,* v. h. a. *stein*. Si l'on n'avait pas le vieux norrois runique *staina,* on ne pourrait pas établir directement qu'une voyelle finale n'est tombée dans cette forme qu'entre l'époque germanique commune et celle des plus anciens textes de chaque dialecte.

Quelquefois, la restitution de la forme germanique

commune ne repose sur aucune forme positivement attestée. Ainsi l'on a posé une *n* finale dans germ. comm. *staïnan*.

On sait que la finale prégermanique était *-on* par grec *-on*, vieux prussien *-an* et par vieux latin *-om*, sanskrit *-am*; mais aucune forme attestée d'un substantif de ce type n'apporte la preuve directe que la nasale était encore conservée en germanique commun. On est amené à considérer cette hypothèse comme la plus probable par le fait que, dans les démonstratifs, par exemple dans la forme qui correspond à l'accusatif grec *tón*, sanskrit *tám* « celui-ci », la nasale est maintenue; en gotique, elle a subsisté devant une particule : *þan-a*; en vieux haut allemand la forme simple l'a gardée, simplement parce que celle-ci est monosyllabique : *den*. Ainsi la restitution des formes germaniques communes comporte parfois une part d'incertitude.

Du reste, le germanique commun ne constituait pas une unité parfaite. Sans doute, l'ensemble du germanique présente par rapport à l'indo-européen beaucoup d'innovations communes et de tendances communes à l'innovation qui obligent à en reconnaître l'unité linguistique. Mais unité linguistique ne signifie pas uniformité.

L'uniformité serait particulièrement invraisemblable dans une ancienne langue indo-européenne.

L'unité linguistique exprime en effet l'unité d'une
nation. L'unité du germanique commun exprime
donc le fait qu'il y a eu, à un moment donné, durant
les siècles qui ont précédé l'ère chrétienne, une nation
ayant conscience de son unité et que, faute de savoir le
nom qu'elle se donnait à elle-même, on appellera ici
la nation germanique. Mais une ancienne nation indo-
européenne n'avait pas des institutions unes et un
commandement un. Elle se composait d'un agrégat
de peuples, ayant chacun ses usages propres et ses
chefs propres. Et c'est ainsi que la nation germanique apparaît dans l'histoire, non pas comme
un État, dirigé par un seul chef, mais comme un
groupe de peuples dont les voisins sentaient l'unité ;
eux-mêmes se tenaient pour apparentés entre eux,
mais sans avoir à aucun moment formé une unité
politique. Des populations ainsi indépendantes les
unes des autres ne pouvaient avoir une langue rigou-
reusement une. Même avant que les Germains ne se
dispersent pour chercher aventure dans toutes les directions, le germanique comportait assurément des
différences dialectales.

La comparaison des trois groupes de langues germaniques attestées permet d'entrevoir quelques-unes
de ces différences dialectales qui existaient en germanique commun. Par exemple, à la 2ᵉ personne du
singulier du prétérit indicatif des verbes forts, on a en
gotique *baust* « tu as ordonné », en vieil islandais

bautt, mais *bude* en vieil anglais, *budi* en vieux saxon, *buti* en vieux haut allemand. Cela fait deux types différents, irréductibles l'un à l'autre : en gotique et en nordique, une désinence *-t,* avec le même vocalisme radical qu'aux autres personnes du singulier; en germanique occidental, une désinence *-i,* avec le même vocalisme radical qu'aux formes du pluriel. Ces deux formes remontent à des types indo-européens différents. Le gotique et le nordique ont généralisé un type, et le germanique occidental un autre; la différence doit remonter à l'époque germanique commune. On entrevoit ici une ligne de séparation entre les groupes dialectaux du germanique.

Les principales lignes de ce genre passent entre le nordique et le gotique, d'une part, le germanique occidental, de l'autre. Il semble donc que le nordique était voisin du groupe gotique, tandis que le groupe germanique occidental s'opposait au gotique et au scandinave. Mais il ne faut pas trop presser cette conclusion. Les faits sont peu nombreux et peu significatifs. Il ne serait pas légitime de ramener à deux les groupes dialectaux du germanique; le gotique est bien à part du nordique.

Comme les langues germaniques actuellement parlées se développent indépendamment les unes des autres depuis de longs siècles et que leur évolution n'a presque jamais cessé d'être rapide, que même à certains moments elle s'est précipitée, ces langues sont maintenant très différentes les unes des autres. Mais des tendances analogues ont dominé dans toutes. L'allemand, le néerlandais, l'anglais sont aujourd'hui des langues absolument différentes, et le danois est très différent du suédois ou des parlers norvégiens. Les degrés auxquels ces langues se sont éloignées du germanique commun et du type linguistique indo-européen sont divers; mais toutes ont évolué dans la même direction.

Le terme extrême du développement se voit dans l'anglais moderne. Les anciennes finales de mots sont si réduites qu'il n'en reste presque rien; la partie accentuée des mots subsiste à peu près seule. Et dès lors l'ancienne morphologie indo-européenne est détruite. L'anglais actuel est une langue indo-européenne en tant que, par une série ininterrompue de gens qui ont eu toujours le sentiment et la volonté de continuer à parler comme ceux qui les précédaient, il se relie sans solution de continuité à l'indo-européen. Mais, à ne considérer que le type linguistique en lui-même, et en faisant abstraction de la continuité qui est un fait historique sans réalité actuelle, rien n'est plus éloigné du type indo-européen que l'anglais — ou le danois — d'aujourd'hui. Si l'on devait, en considérant l'anglais actuel et en en oubliant tout le passé, démontrer que l'anglais est une langue indo-européenne, on n'y parviendrait qu'à peine.

A. MEILLET. 2

On n'essaiera pas ici de tracer le développement particulier de telle ou telle langue germanique. Mais il importe de bien marquer dès l'abord que le développement du germanique a consisté à s'éloigner toujours davantage du type indo-européen, jusqu'au point où, comme en anglais et en danois, presque toute trace de ce type a disparu et où l'on est en présence d'un type linguistique nouveau.

On n'a pas le moyen de reconnaître avec précision quelles sont les conditions qui ont déterminé le changement progressif du type. Le linguiste constate les faits, il en suit le développement, il se rend compte des procédés par lesquels se font les changements et il voit comment ces changements se succèdent et souvent se déterminent les uns les autres. Mais l'origine des tendances auxquelles sont dus les changements lui échappe.

Certains des principes du changement sont universels; on ne sera pas surpris par exemple de voir les finales tendre à se réduire, les consonnes intervocaliques subir l'influence des voyelles voisines et s'en rapprocher en devenant sonores ou en perdant une part de leur fermeture, ou, en ce qui concerne la grammaire, la complexité luxuriante de la flexion indo-européenne aller se simplifiant : ce sont là des tendances universelles; on en retrouve les effets, à des degrés divers, dans toutes les langues de la famille indo-européenne. A cet égard il n'y a de particulier à telle ou telle langue que la rapidité plus ou moins grande avec laquelle agissent ces tendances et le détail matériel des changements.

Mais il y a aussi des tendances qui sont spéciales à certaines langues. La phonétique germanique offre plusieurs tendances de ce genre qui la caractérisent d'une manière éminente. Le système des consonnes, la façon dont sont traitées les voyelles, la nature et la place de l'accent sont des traits par où le germanique s'éloigne spécifiquement de l'indo-européen.

Or, quand une population change de langue, elle est sujette à garder, dans la nouvelle langue adoptée par elle, plus ou moins de ses habitudes linguistiques antérieures ou à modifier le type qu'elle adopte. Le germanique, qui a rompu si nettement avec les usages indo-européens, est de l'indo-européen parlé par une population nouvelle qui a accepté l'indo-européen, tout en le prononçant d'une manière en partie nouvelle; les conquérants qui ont apporté l'indo-européen n'ont pas été assez nombreux ni assez puissants pour imposer leur manière d'articuler; les gens qu'ils ont conquis, et qui avaient adopté leur langue, ont fait prévaloir un type articulatoire différent de l'ancien et des tendances nouvelles.

L'altération profonde du système grammatical tient sans doute aussi à ce que la population nouvelle qui a adopté le dialecte destiné à devenir le germanique ne s'est pas assimilé complètement les procédés grammaticaux de l'indo-européen; ces procédés, étrangement originaux et compliqués, étaient du reste difficiles à apprendre, et, sur toute l'étendue du domaine occupé par l'indo-européen, on les voit s'éliminer les uns après les autres. Nulle part le mouvement qui tendait à enlever au type indo-européen ses traits les plus singuliers n'a été plus prononcé qu'en germanique, de même que nulle part le type articulatoire indo-européen n'a été plus complètement transformé.

L'importance et la rapidité des changements ne tiennent pas seulement au maintien d'habitudes antérieures à l'acceptation d'une langue nouvelle : les traits les plus originaux de la langue nouvellement adoptée ne sont pas bien assimilés, simplement parce qu'ils sont trop délicats et qu'ils sont mal perçus. De plus, les divers sujets apprennent d'une manière inégale la langue nouvelle, et il se produit une grande diversité dans la communauté linguistique. Il y a nécessairement une réaction contre cette diversité; la réaction tend à normaliser, et par suite à banaliser, par effacement des singularités.

Dans le groupe germanique, les forces de conservation linguistique étaient aussi petites que possible et sont longtemps demeurées très petites.

Dans une population une et stable, le langage participe de la stabilité générale; là où tout le monde parle sensiblement de même, chacun est amené à se conformer à l'usage général, et toutes les déviations individuelles sont condamnées et ridiculisées. Or, dès leur apparition dans l'histoire et depuis, tout au long de leur histoire, les populations de langue germanique ont été conquérantes. Les unes, trop aventurées, sont allées se fondre dans d'autres populations; c'est ce qui est arrivé à tous les Gots, aux Allemands qui sont passés en France, aux Scandinaves qui sont allés en Irlande, en Normandie ou en Russie, à bien d'autres encore. D'autres, plus résistantes, ont imposé leur idiome aux peuples chez lesquels elles se sont établies; c'est ce qui a eu lieu notamment en Angleterre. Les conquêtes de cette sorte sont suivies de périodes troublées où il n'y a guère d'uniformité linguistique, et où il y a par suite un minimum de résistance aux changements.

Une civilisation nationale propre, conservée par une aristocratie intellectuelle, fixe l'idéal linguistique et contribue ainsi à maintenir le type ancien. Or, les Germains ont rencontré une civilisation plus avancée, la civilisation gréco-romaine; et ils en ont fortement subi l'influence dès avant le début de l'ère chrétienne. Beaucoup d'entre eux sont allés servir dans les armées romaines. La civilisation nationale s'est pénétrée d'éléments étrangers : l'alphabet runique, tout particulier qu'il soit en principe, est un calque des alphabets gréco-romains. Elle a cédé quand le christianisme s'est introduit ; du coup, le grec et le latin sont devenus les langues savantes, et les parlers germaniques n'ont servi que pour l'usage courant.

Un empire vraiment un tend à se donner une langue commune qui lui serve d'organe. Or, il y a eu des tribus germaniques qui ont fait des conquêtes ; il y a eu des royaumes germaniques, peu durables pour la plupart et qui se remplaçaient très vite les uns les autres ; à aucun moment l'histoire ne présente un empire germanique. Le plus grand des conquérants germaniques, Charlemagne, n'apparaît que tardivement ; il s'en faut de beaucoup qu'il ait réuni sous son autorité toute la Germanie de son temps ; et, comme l'a vu M. Jullian, la civilisation qu'il a protégée et développée n'était pas de langue germanique : la renaissance carolingienne a été, on le sait, une renaissance des études latines. Jusqu'au moment où, du IXe au XIVe siècle, se sont posées des langues nationales déjà fortement différenciées, les populations de langue germanique n'ont pas eu de langue germanique de civilisation. Les parlers germaniques servaient à l'usage familier, aux relations sociales de tous les jours ; ils n'avaient pas de norme maintenue par une tradition savante. La rapidité avec laquelle a évolué l'anglais durant la période de la domination normande, où le français a été la langue de la cour, de la noblesse et des écrivains, indique combien une langue dépourvue de norme idéale peut se transformer.

Même quand il s'est constitué des langues littéraires, ces langues n'ont pas été au moyen âge des langues savantes. Elles servaient à la poésie et, surtout dans les domaines anglais et allemands, elles n'ont exercé sur le parler courant qu'une action assez faible.

On voudrait montrer ici suivant quelles directions l'indo-européen a évolué pour devenir le germanique commun, et, du germanique commun, passer aux types gotique, nordique et occidental, dont les deux derniers ont fourni les langues germaniques modernes. Brisées souvent par des accidents, les lignes de ce développement présentent, on le verra, une remarquable continuité dans l'ensemble.

Il ne s'agira pas de retrouver l'indo-européen dans les dialectes germaniques. L'objet de ce petit livre est, au contraire, de montrer en quoi le germanique est original. Les matériaux avec lesquels est fait le germanique sont indo-européens ; le plan de la langue est nouveau, comme l'est, à vrai dire, celui de chacune des langues du groupe indo-européen à la date où elle apparaît dans l'histoire.

PHONÉTIQUE

CHAPITRE PREMIER

LA MUTATION CONSONANTIQUE

Le consonantisme indo-européen comprenait un système d'occlusives riche et complet, tandis qu'il ne s'y trouvait aucune spirante et qu'il y avait une seule sifflante, $*s$; le $*z$ n'existait que comme forme prise par $*s$ devant une occlusive sonore. Les éléments phonétiques essentiellement sonores, souvent qualifiés de semi-voyelles, et qu'on nommera ici sonantes consonnes, à savoir $*y, w, r, l, m, n$, n'ont pas à être examinés dans le présent chapitre.

Dans le groupe occidental des dialectes indo-européens, dont fait partie le germanique, le système des occlusives présentait quatre types : type labial, par exemple $*p$; type dental, par exemple $*t$; type guttural, par exemple $*k$; type labio-vélaire, par exemple $*k^w$ (qu'on peut aussi noter par q^u). Chacun de ces quatre types existe dans trois séries : la série sourde, soit $*p, t, k, k^w$; la série sonore, soit $*b, d, g, g^w$; la série dite sonore aspirée (d'après la forme qu'affectent les consonnes de cette série en sanskrit), soit $*bh, dh,$

gh, gᵘh. A en juger par l'indo-iranien, le grec et l'arménien, il a existé une série, moins importante, de sourdes aspirées : *ph, th, kh*; mais cette série ne se distingue pas de la série sourde ordinaire en germanique, en celtique et en italique et sera par suite négligée ici.

Le consonantisme du germanique commun est tout autre. Il a gardé les mêmes points d'articulation. Mais il a des types articulatoires nouveaux. Il comprend des occlusives sourdes : **p, t, k, kᵘ (qᵘ)* et des occlusives sonores : **b, d, g, gᵘ* qui étaient peut-être des occlusives sonores aspirées. En revanche, on y trouve une série de spirantes sourdes[1] : **f* (bilabial), *þ, x, xᵘ*, et une série de spirantes sonores : **ƀ, đ, γ, γᵘ* (qui passe simplement à **w*). A côté de la sifflante **s*, il y a un **ȥ* qui n'est pas toujours dû à l'influence d'une occlusive sonore suivante.

On verra au chapitre II que les spirantes sonores **ƀ, đ, γ, γᵘ* (qui devient **w*), et aussi **ȥ*, sont des formes prises par **b, d, g, gᵘ* et par **f, þ, x, xᵘ* et **s* dans des conditions définies. Ce premier chapitre ne montrera que les spirantes sourdes **f, þ, x, xᵘ*. L'intro-

---

1. On notera ici par *þ* la spirante dentale sourde du type de angl. *th* dans un mot tel que *thing*, par *đ* la spirante dentale sonore du type de angl. *th* à l'intérieur des mots, par exemple dans *mother*, par *x* la spirante gutturale sourde du type de all. *ch*, par exemple dans *doch*, par *γ* la spirante gutturale sonore correspondante (qu'on entend par exemple à la fin de all. *tag*).

duction de ces spirantes dans le système phonétique est l'innovation qui frappe dès l'abord.

Si, au lieu de comparer les systèmes, on examine l'origine de chacune des séries de consonnes germaniques communes, l'innovation germanique apparaît beaucoup plus grave. En effet :

1° Les sourdes germaniques ne représentent pas les sourdes indo-européennes, mais les sonores simples indo-européennes : germ. $*p, t, k, k^w$ répondent à skr. b, d, j, g (alternant avec j en certaines conditions), gr. b, d, g et b (alternant avec d ou g en certaines conditions), lat. b, d, g, g^w (et u consonne), celt. b, d, g, b, sl. b, d, z, g (alternant avec $\check{z}$), lit. $b, d, \check{z}, g$, etc.

2° Les spirantes germaniques $*f, \phi, x, x^w$ représentent i.-e. $*p, t, k, k^w$, et répondent à lat. p, t, k (c), qu ; gr. p, t, k, p (alternant avec t ou k en certaines conditions) ; lit. $p, t, s\check{z}$ (notant la chuintante $\check{s}$), k ; sl. p, t, s, k (alternant avec $\check{c}$) ; skr. p, t, ς, k (alternant avec c, qui note la semi-occlusive chuintante $\check{c}$), etc. — De très bonne heure, $*x$ a tendu à perdre son caractère spirant pour passer au simple souffle h, tendance qui n'est pas particulière au germanique (on observe des faits analogues en latin et en serbe, par exemple) ; dès les plus anciens textes de toutes les langues germaniques, on trouve donc h là où le germanique commun avait $*x$, et hw là où le germanique commun avait $*x^w$.

3° Les sonores germaniques *b, d, g, g^u représentent i.-e. *bh, dh, gh, g^uh, et répondent à skr. bh, dh, h, gh (alternant avec h), gr. ph, th, kh, ph (alternant avec th ou kh), lat. f (anciens *f et *p), h (ancien x), f (ancien x^u), etc.

Sauf la sifflante *s et sauf les sonores aspirées (si germ. *b est bh), il n'y a donc aucune consonne germanique proprement dite qui soit demeurée dans la série où elle était en indo-européen. C'est ce que l'on exprime en disant que les occlusives indo-européennes ont subi en germanique une « mutation » (dite en allemand *Lautverschiebung*). La découverte de ce grand fait a été publiée en 1818 par le Danois Rask, en 1822 par l'Allemand Jacob Grimm ; le principe a été souvent nommé « loi de Grimm ».

Quand on rapproche les mots germaniques de leurs correspondants sanskrits, grecs, latins, celtiques, slaves, etc., on constate que les consonnes germaniques autres que *s ne sont jamais identiques à celles du sanskrit, du grec, du latin, etc. ; il n'y a d'exceptions que dans certains cas bien déterminés, et qui s'expliquent, comme on le verra ci-dessous. Les identités qu'on observe avec certaines langues, le celtique, le baltique, le slave, l'iranien, portent seulement sur les anciennes sonores aspirées et tiennent à ce que, comme le germanique, ces langues représentent par b, d, g les sonores aspirées indo-européennes *bh, *dh*, *gh* ; seulement, à la différence du germanique, ces langues, qui conservent les anciennes sonores simples, les confondent avec les anciennes sonores aspirées.

Voici quelques exemples de correspondances étymologiques qui illustreront les principes posés :

1° Anciennes sonores représentées par des sourdes germaniques :

$*b > *p$:

lit. *dubùs* « profond » ; cf. got. *diups*, v. isl. *diūpr*, v. angl. *dēop*.

$*d > *t$:

skr. *dántam* « dent », lat. *dentem* ; cf. got. *tunþu*, v. angl. *tōđ*, v. sax. *tand* (tous ces mots sont cités à l'accusatif singulier).

skr. *pădam* « pied », gr. *póda*, lat. *pedem* ; cf. got. *fotu*, v. isl. *fōt*, v. angl. *fōt* (tous ces mots sont cités à l'accusatif singulier).

$*g > *k$:

skr. *jắnu* « genou », gr. *góny*, lat. *genu* ; cf. got. *kniu*, v. angl. *knēo*.

skr. *ájrah* « campagne », gr. *agrós* « champ », lat. *ager* ; cf. got. *akrs*, v. isl. *akr*, v. sax. *akkar*.

$*g^u > *k^u$:

skr. *gnä̆* « femme », v. pruss. *genna*, v. sl. *žena*, gr. béotien *bană* (et grec attique *gynế*) ; cf. got. *qino*, v. h. a. *quena*.

2° Anciennes sonores aspirées représentées par des sonores germaniques peut-être aspirées.

*bh > *b :

skr. *bhárāmi* « je porte », gr. *phérō*, lat. *ferō*; cf. got. *bairan* « porter », v. isl. *bera*, germ. occid. *beran*.

*dh > *d :

skr. *dhṛṣṇóti* « il ose », *dhṛṣúḥ* « hardi », gr. *thrasýs* « hardi »; cf. got. *(ga-)dars* « il ose », v. angl. *dear(r)*.

*gh > *g :

skr. *haṃsáḥ* (sorte d'oiseau aquatique sauvage), gr. *khén* « oie », lat. *(h)anser*, lit. *žąsìs*; cf. v. isl. *gās*, v. angl. *gōs*, v. h. a. *gans*.

*gʷh > ? : Pas d'exemple sûr à l'initiale du mot. On n'a d'exemple certain que pour la position intervocalique, qui sera examinée au chapitre II.

3° Anciennes occlusives sourdes représentées par des spirantes sourdes germaniques.

*p > *f (bilabial) :

véd. *páçu* « bétail », lat. *pecu*; cf. got. *faihu*, v. isl. *fē*, v. angl. *feoh*, v. h. a. *fihu*.

skr. *nápāt* « descendant », lat. *nepōs* « petit-fils, neveu »; cf. v. isl. *nefe* « parent, neveu », v. angl. *nefa*, v. h. a. *nefo*.

*t > *þ.

véd. *tri* « trois », gr. *tría*, lat. *tria*; cf. got. *þrija*, v. isl. *þriū*, v. angl. *đrēo*, v. sax. *thriu* (au nominatif-accusatif pluriel neutre).

skr. *vártate* « il se tourne », lat. *uertō* ; cf. got.
wairþan « devenir », v. angl. *weordan*, v. sax. *wer-
than*.

**k > *x > *h :*

sk. *çatám* « cent », lat. *centum*, gr. *-katón* (dans
he-katón « un cent ») ; cf. got. *hund*, v. angl. *hund*,
v. h. a. *hunt*.

**kʷ > *xʷ > *hw :*

skr. *kataráḥ* « lequel des deux », lit. *katràs*, gr.
póteros ; cf. got. *hwaþar*, v. isl. *huaþarr*, v. angl.
hwæđer, v. sax. *hwedar*, v. h. a. *hwedar*.

lit. *lēkù* « je laisse », gr. *leipō* (et lat. *linquō*,
līquī) ; cf. got. *leihwan* « prêter ».

Après *s*, les anciennes occlusives sourdes sont représentées par des occlusives sourdes germaniques ;
à skr. *spaç-* « espion », lat. *speciō* « je regarde »
répond v. h. a. *speho* « espion », *spehōn* « observer » ;
à skr. *stṛbhíḥ* « par les étoiles » (instrumental pluriel), gr. *astér*, le germanique répond par got. *stairno*,
v. isl. *stiarna*, v. h. a. *sterno* ; etc. De même à *pt*,
kt, etc., le germanique répond par *ft*, *xt*, etc., c'est-
à-dire que, dans un groupe d'occlusives sourdes, la
première donne une spirante, et la seconde une occlusive ; ainsi à skr. *naptíḥ* « petite fille », lat. *neptis*,
le germanique répond par v. angl. et v. h. a. *nift* ; à
skr. *aṣṭáu* (ancien **ak'táu* « huit »), lat. *octō*, par got.
ahtau, v. angl. *eahta*, v. h. a. *ahto* ; etc.

Dans les deux cas, le passage à la prononciation spirante a été empêché par un phonème précédent. On ne peut faire d'hypothèses sur la façon dont l'altération a été empêchée qu'après avoir vu par quels intermédiaires la langue est parvenue à la prononciation spirante.

Il reste à interpréter les faits ainsi reconnus. Le germanique n'est pas la seule langue indo-européenne où l'on observe une mutation. L'arménien offre une mutation presque entièrement parallèle. Les anciennes sonores sans doute aspirées y sont représentées par des sonores : *berem* « je porte », en regard de skr. *bhárāmi*, gr. *phérō*, got. *baira* ; les anciennes sonores simples y sont représentées par des sourdes : *kin* « femme », en regard de véd. *gnā̆*, v. pruss. *genna*, got. *qino* ; enfin les anciennes sourdes simples y sont représentées par des occlusives sourdes aspirées (souvent altérées de diverses manières) : *khan* « que » en regard de lat. *quam* (même sens).

Ce traitement des occlusives sourdes en arménien indique par quel intermédiaire les mêmes occlusives sont devenues en germanique des spirantes : le premier stade du changement a dû être le passage des occlusives sourdes simples à des occlusives sourdes aspirées, de *$^{*}k$* à *$^{*}kh$* par exemple.

Pour passer de l'occlusive *$^{*}kh$* à la spirante *x*, il y a deux voies. Les occlusives sourdes aspirées sont en général plus faiblement articulées que les non aspirées correspondantes ; elles perdent donc assez aisément leur occlusion, et d'occlusives deviennent spirantes ; ce changement s'observe en diverses circonstances en latin, en irlandais (en position intervocalique), en araméen (aussi en position intervocalique). En allemand, on observe un autre procédé : le *p du germanique commun y passe à *pf*, type dit affriqué, comme on le verra ci-dessous ; *pf* peut passer à *f,* ce qui est arrivé en effet en allemand pour la position intervocalique, ainsi *slēpan* « dormir », devenu *slāpan* en germanique occidental, a passé à *slāpfan,* d'où v. h. a. *slāffan.* Le plus probable est que le changement germanique commun s'est réalisé par le premier procédé ; car il ne subsiste nulle part une trace du type affriqué parmi les phonèmes qui représentent i.-e. *p, t, k,* et le procédé de l'affrication, peu répandu en général, ne s'observe que dans le développement ultérieur de certains parlers germaniques, surtout de parlers haut-allemands.

Ceci posé, le changement germanique et le changement arménien — qui sont indépendants l'un de l'autre — se ramènent à une même formule générale.

Il existe deux types principaux d'articulation des occlusives qui se distinguent par la manière dont se comporte la glotte.

Dans l'un des types, que l'on observe notamment dans presque toutes les langues romanes, et en particulier en français, et dans les langues slaves, la glotte est le plus fermée qu'il est possible et prête à articuler la voyelle suivante dès le moment où cesse la consonne. Les occlusives sourdes se prononcent alors avec la glotte fermée ; donc durant la fermeture des organes d'occlusion, depuis le moment de l' « implosion » jusqu'à celui de l' « explosion », il ne s'accumule pas d'air derrière l'organe dont l'ouverture brusque produit le bruit caractéristique de la consonne, et les vibrations glottales de la voyelle suivante commencent aussitôt après l'explosion de la consonne. Quant aux occlusives sonores, elles sont accompagnées de vibrations glottales durant toute la période d'occlusion. Ainsi le *pa* français ne comporte l'émission d'aucun souffle entre *p* et *a* ; le *ba* français est sonore depuis le moment où les lèvres se sont rapprochées pour former le *b*.

Dans l'autre type, qu'on observe notamment dans des parlers allemands méridionaux et dans certains parlers arméniens modernes, les occlusives sourdes se prononcent avec la glotte mal fermée durant la période d'occlusion ; de l'air s'accumule dans la bouche pendant la durée de l'occlusion, et cet air doit être expulsé après l'explosion de l'occlusive ; les occlusives sourdes de ce type, où l'émission d'un souffle s'intercale entre l'explosion de la consonne et le commencement de la voyelle, sont dites « aspirées ». Pour les sonores *b, d, g*, il y a un mode d'articulation correspondant : les vibrations glottales ne commencent qu'au moment de l'explosion, et toute la période d'occlusion est sourde ; mais ces occlusives se distinguent du type des sourdes françaises par la faiblesse de l'articulation ; ce sont des douces, non des fortes.

En somme, ce qui distingue les occlusives de ce second type de celles du premier type, c'est une entrée en action plus tardive de la glotte par rapport au moment de l'explosion de l'occlusive ; pour les sourdes, la glotte se ferme plus tard ; pour les sonores, elle commence à vibrer plus tard.

Dès lors, le passage du type indo-européen au type germanique commun ou au type arménien consiste en un passage du type où la glotte agit dès l'implosion à un type où la glotte n'entre en action qu'au moment de l'explosion de la consonne. Il y a eu changement radical du type articulatoire. Ce changement a atteint les anciennes sourdes $*p, t, k, k^u$ et les anciennes sonores $*b, d, g, g^u$, qui sont devenues respectivement $*ph, th, kh, k^uh$ (sourdes aspirées) et $*p, t, k, k^u$ (sourdes douces). En germanique comme en arménien, il a épargné les anciennes occlusives sonores aspirées, parce que ces consonnes comportaient une articulation glottale spéciale du type sonore, dont la nature n'est pas exactement connue ; ainsi $*bh, dh, gh$ ont été représentés par $*b, d, g$ sans doute aspirés à l'origine dans les deux langues.

Les occlusives sourdes géminées, fortes par nature,

se prononçaient sans doute avec fermeture de la glotte dès le moment de l'implosion, qui est nettement marquée ; et par suite on a -*tt*- dans le got. *atta* « père », qui répond à lat. *atta*, gr. *átta* « papa ». Ce traitement est propre au type géminé à valeur expressive. Là où le groupe *-tt-* résulte de la rencontre de deux éléments morphologiques, il a subi dès l'indo-européen une altération et se présente sous la forme -*st*- en iranien, slave, baltique, grec, et sous la forme -*ss*- dans les dialectes occidentaux : italique, celtique et germanique ; par exemple *wit-to-* « connu », où il y a une racine *wid-* connaître, et un suffixe *-to-* d'adjectif radical, est en grec -*wistos*, mais en irlandais *fess* et en germanique *wissa-* (v. h. a. *giwisso* « certainement », got. *un-wiss* « incertain »).

En arménien, *t* et *p* n'ont pas pris, ou n'ont pas gardé, après *s*, la prononciation aspirée. On observe le même fait dans les langues germaniques actuelles. S'il en a été de même en germanique ancien, la prononciation spirante n'a pas eu à être éliminée puisque le point de départ n'a même pas existé.

Les occlusives du type à action retardée de la glotte sont moins stables que les occlusives du type français. Les sourdes aspirées sont sujettes à devenir spirantes, comme il est arrivé en germanique. Les douces sourdes, qui sont quelque chose d'intermédiaire entre les sourdes et les sonores et qui produisent sur des Français l'effet de sonores mal réussies (on les entend souvent chez les Alsaciens et les Allemands du Sud qui parlent français), tendent à devenir de véritables sourdes fortes, et ceci paraît s'être produit de bonne heure dans les dialectes germaniques ; néanmoins *p, t, k* sont restés longtemps des douces : le nom latin des Grecs, *Graeci*, a été emprunté avec un *k* initial qui montre que le *k* germanique se prêtait encore à date historique à rendre le *g* latin : got. *krekos*, v. h. a. *kriahha*.

Le passage de **kh* à **x*, et sans doute d'une manière générale, des occlusives sourdes aspirées aux spirantes, se trouve dans un mot dont l'emprunt ne saurait être non plus très ancien : le nom de la population celtique que les Romains nommaient *Volca* (au nominatif masculin singulier) est rendu en germanique par v. angl. *wealh*, v. h. a. *walh*.

Les mots empruntés par le germanique au celtique, sans doute lors de l'extension de l'empire celtique, entre le vᵉ et le iiiᵉ siècle av. J.-C., ont subi la mutation consonantique : le mot celtique *rīg-* « roi » est rendu en gotique par *reiks*, d'où l'on a le dérivé got. *reiki* « royaume », v. isl. *rīke*, v. angl. *rīce*, v. sax. *rīki*.

La mutation consonantique date donc sans doute des siècles qui ont immédiatement précédé l'ère chrétienne.

Un changement qui, comme la mutation consonantique du germanique et de l'arménien, consiste en un changement profond du procédé articulatoire, et en particulier de l'activité de la glotte dont le sujet parlant n'a pas conscience, s'explique naturellement par le fait qu'une population, en changeant de langue, a gardé ses vieilles habitudes articulatoires : la façon de prononcer les occlusives est l'un des faits de prononciation qu'il est le plus malaisé de changer. Pour le germanique, parlé par une nation dont l'histoire commence très tard, on ne saurait dire à quelle population est dû ce type articulatoire ; on notera seulement qu'une langue voisine, le celtique, paraît avoir subi, à un degré moindre, une action analogue, et qu'on y trouve une manière d'articuler les occlusives qui se rapproche du type germano-arménien, sans être aussi achevée. Quant à l'Arménie, l'introduction d'un parler indo-européen s'y est produite à date historique ; et, d'autre part, le système des occlusives arméniennes, qui est tout à fait particulier, est identique à celui d'un groupe de langues voisines, de famille autre, le groupe caucasique du Sud, dont le représentant le plus connu est le géorgien. L'action étrangère, que la théorie seule fait supposer pour le germanique, est donc indiquée par des faits positifs pour l'arménien. On conclura de là que la mutation consonantique du germanique est due au maintien de leurs habitudes d'articulation par les populations qui ont reçu et adopté le dialecte indo-européen appelé à devenir le germanique.

Le nouveau type articulatoire une fois introduit en germanique a continué d'y produire ses effets, qui sont sensibles surtout en haut-allemand.

Les *b, d, g du germanique commun ne sont pas restés de vraies sonores — sans doute même étaient-ce des sonores aspirées —; ces sonores aspirées passent nettement à la prononciation sourde aspirée, comme il est arrivé dans une partie des parlers arméniens. Dans les vieux textes bavarois et alémaniques, il y a flottement entre les graphies *b* et *p*, *g* et *k*: *beran* et *peran* « porter », *guot* et *kuot* « bon », ce qui est caractéristique. Dans tous les parlers haut-allemands, y compris une partie du franconien, *d* passe de même nettement à *t* : à got. *dauhtar* « fille », v. sax. *dohter* (et de même dans une partie du franconien), le vieux haut-allemand répond par *tohter*.

Les *p, t, k germaniques communs tendent à s'affriquer. Dans tout le vieux haut-allemand, *p passe à *pf* et *t à *z* (qui note *ts*) : à *plegan* « soigner » du vieux-saxon répond v. h. a. *pflegan*, et à v. sax. *tiohan* « tirer », v. h. a. *ziohan*. Le *k* n'a été atteint qu'en bavarois et en alémanique; à *korn* « grain », du vieux saxon et du franconien, répond dans ces dialectes *chorn*, la valeur de *ch* n'étant pas toujours déterminable : il y a eu sûrement des prononciations diverses depuis *kx* jusqu'à *x* simplement.

Il s'est produit ainsi en vieux haut-allemand une seconde mutation consonantique, continuation des phénomènes de la première mutation, sous des formes un peu différentes. Ces changements, dont l'étendue varie sensiblement d'un parler allemand à l'autre, ont eu lieu entre le 1er siècle de l'ère chrétienne et le moment où ont été écrits les plus anciens textes haut-allemands ; les mots empruntés par l'allemand au latin d'époque impériale y participent, et lat. *porta* par exemple donne v. h. a. *pforta* ; lat. *discus* donne v. h. a. *tisk* « table » ; etc.

Le vieux haut-allemand a mal conservé les spirantes germaniques ; *x avait passé de bonne heure à *h* ; *f bilabial est devenu la labio-dentale *f*, qui dès lors est stable. Il restait *þ, qui s'est sonorisé en *đ*, et ce *đ*, qui est parfois noté *dh*, passe à la prononciation occlusive *d* entre le viiie et le xe siècle, à des dates diverses suivant les régions : de là *driu* « trois » (au neutre), en face du v. sax. *thriu*. Ainsi un *d* a été restauré en haut-allemand ; avec *b* et *g* qui ont une tout autre origine, et qui continuent *b* et *g* germaniques communs, il complète la série des sonores allemandes. Ce qui a rendu possible cette altération, c'est que la série allemande ancienne *b, d, g* ne se composait pas de sonores du type français.

Après tous ces changements, l'allemand s'est trouvé

posséder, d'une part, des sonores, *b, d, g,* prononcées de façons diverses suivant les lieux, et qui dans les parlers alémaniques et bavarois, sont en somme des douces sourdes — et, de l'autre, des sourdes, *p* (en général dans des mots empruntés récemment), *t* et *k.* La tendance à retarder la fermeture de la glotte a continué d'agir ; *p, t, k* tendent de nouveau à devenir des aspirées ; dans le Sud de l'Allemagne, le *k* de *korn,* le *t* de *tochter* sont maintenant des aspirées, si bien qu'on peut dire qu'il y a eu, dans une partie du domaine allemand, une troisième mutation. En réalité, le type articulatoire une fois posé en germanique commun s'est constamment reproduit en haut-allemand, et il s'agit d'un développement continu.

Dans les autres dialectes germaniques, le type germanique commun a tendu à s'effacer, et les occlusives se sont plus ou moins rapprochées du type roman, qui est le plus stable, le plus durable. Ainsi les occlusives du bas allemand sont à peu près exactement du même type que les occlusives françaises. Les choses ne sont pas allées aussi loin partout. Les occlusives sourdes du danois et de l'anglais sont, encore maintenant, plus « soufflées » que celles du français. En danois, on observe même une tendance à l'affrication des occlusives sourdes ; *t* y tend vers *ts,* comme en vieux haut-allemand, et les sonores *b, d, g* sont moins complètement sonores que les sonores romanes et slaves.

Après le grand ébranlement qu'avait subi en germanique commun le système des occlusives, l'équilibre a été lent à se rétablir tout à fait. Sauf en allemand et en danois, il s'est cependant, plus ou moins tôt, rétabli à peu près partout.

Dans le groupe celtique, on retrouve au moins le début d'un phénomène pareil à celui qui a eu en germanique de si grandes conséquences : les occlusives sourdes y sont, en gaëlique comme en gallois, du type dit « aspiré ».

CHAPITRE II

LES CONSONNES INTERVOCALIQUES

Les consonnes placées entre voyelles tendent d'une manière générale à s'altérer pour se rapprocher en quelque mesure du type vocalique. Les sourdes tendent à devenir sonores ; les occlusives tendent à devenir spirantes. En danois, les anciennes occlusives sourdes intervocaliques sont devenues sonores ; *giutan « verser » y est représenté par gyde. En allemand moderne, un ancien p est représenté par pf à l'initiale, ainsi dans pflegen de *plegan ; mais le même p est représenté par f à l'intervocalique, ainsi dans schlafen de *slāpan « dormir » ; t donne ts à l'initiale, ainsi dans zehn, de *tehan « dix », mais ss à l'intervocalique, ainsi dans wasser, de *watar « eau ». Les faits de ce genre sont innombrables.

L'altération des consonnes intervocaliques a atteint deux séries de consonnes germaniques : les occlusives *b, d, g, gᵘ, qui continuent, comme on l'a vu, les anciennes sonores aspirées — et, avec des exceptions définies, les phonèmes spirants sourds, à savoir la sifflante *s et les spirantes sourdes *f, ϕ, x, x^w représentant les anciennes occlusives sourdes.

Les occlusives sonores *b, d, g, g^w sont devenues spirantes entre deux voyelles; on a donc, entre voyelles, *$\hbar$, d, γ et w. On enseigne souvent que les occlusives sonores aspirées ont donné en germanique des spirantes sonores. Mais la prononciation spirante n'est attestée que pour les cas où ces consonnes se trouvent entre deux voyelles. Par exemple, le vieil islandais note b à l'initial, mais f à l'intervocalique : *bera* « porter », mais *grafa* « creuser »; le vieil anglais de même : *beran*, mais *giefan* « donner »; le vieux saxon, qui a b à l'initiale, ainsi *beran*, flotte entre b, u et v à l'intervocalique. Le b gotique sert, comme le β grec du ive siècle ap. J.-C., à noter à la fois b et $\hbar$; mais un détail montre que l'ancien b intervocalique était prononcé spirant : en germanique commun, une forme telle que celle de i^{re} et 3e personnes du prétérit avait une voyelle finale, et l'on prononçait *$ga\hbar a$* « j'ai donné », *$ga\hbar i$* « il a donné »; les voyelles finales sont tombées, et le $\hbar$ s'est trouvé final; comme, en gotique, les spirantes finales s'assourdissent, le $\hbar$ a passé à f, et l'on écrit *gaf*, en face de la graphie *giban* « donner », *gebun* « ils ont donné, etc. Après une nasale, les occlusives sonores ne deviennent pas spirantes, et par suite le gotique a des formes telles que *lamb* « agneau », avec b final. Le *g^w* se maintient après nasale; c'est ainsi que le gotique a

siggwan « chanter », en face du gr. *omphê* « voix »
(de **song^uhā*) ; entre voyelles, ce même **g^w* passe à **w*
dans got. *snaiws* « neige », v. angl. *snā(w)*, v. h. **a.**
sneo, en face de lit. *snēgas* « neige », et de gr. *neiphei*
« il neige », lat. *nix (niuis)* « neige », *ninguit* « il
neige ».

Le germanique s'est ainsi créé une série de spirantes sonores : **b̄, đ, γ*. Cette série s'est enrichie par
la sonorisation d'une partie des anciens **f, þ, x* entre
voyelles.

De plus, **s* intervocalique a tendu à passer à **ʒ* dans
les mêmes conditions où **f, þ, x* se sont sonorisés en
**b̄, đ, γ* ; et **ʒ*, qui s'est maintenu en gotique, a passé
à un phonème du type de *r* en nordique et en germanique occidental. L'alphabet runique a pour *r* issu
de **ʒ* un signe différent de celui qui note *r* ancien
(on transcrit ce signe par *ʀ*) ; il résulte de là que la
confusion de *r* ancien et de *r* issu de **ʒ* n'était pas
achevée en nordique au début de l'ère chrétienne.

Il se pose ici un problème. Des anciens **s, f, þ, x, x^w*,
les uns sont demeurés sourds en germanique, et les
autres ont passé à **ʒ, b̄, đ, γ, w*, sans que rien en
germanique rende raison de cette différence.

Le linguiste danois Verner a reconnu le principe
de la répartition, dit loi de Verner. Pour serrer de
près les faits établis, la formule est présentée ici sous
la forme suivante, plus restreinte et plus précise que
celle qui lui a été donnée par Verner :

La sifflante *s et les spirantes *f, *þ*, x, x^w sont devenues sonores entre deux éléments sonores, dont l'un est l'élément vocalique de la première syllabe du mot, quand le ton hérité de l'indo-européen ne tombait pas sur cette syllabe.

A skr. *pitắ* (acc. *pitáram*), gr. *patểr* « père », le germanique répond par got. *fadar*, v. angl. *faeder*, v. sax. *fader*, v. h. a. *fater*, donc par une forme à *d intervocalique, parce que, comme le montrent le sanskrit et le grec, le ton indo-européen (consistant en une élévation de la voix) ne tombait pas sur la première syllabe du mot. Au contraire, à skr. *bhrắtā* (acc. *bhrắtaram*) « frère », gr. *phrắter* « membre d'une confrérie », le germanique répond par got. *broþar*, v. angl. *brōđor*, v. sax. *brōther*, v. h. a. *bruoder*, donc par une forme à *þ intervocalique, parce que le ton indo-européen tombait sur la première syllabe. A skr. *çváçurah* (de *sváçurah*) « père du mari », le germanique répond par got. *swaihra*, v. h. a. *swehur*, parce que le ton frappait la syllabe initiale (l'accentuation du gr. *hekyrós* est secondaire) ; au contraire, à skr. *çvaçrū́h* (de *svaçrū́h*) « mère du mari », où le ton n'est pas sur l'initiale, le germanique répond par v. angl. *sweger*, v. h. a. *swigar*. Le *k^w indo-européen du nom du « loup », devenu en germanique *x^w, est passé à *f sans doute sous l'influence du *w initial ; *f a subsisté parce que le ton

est sur l'initiale : got. *wulfs*, v. isl. *ulfr*, v. angl. et
v. sax. *wulf*, v. h. a. *wolf*, en regard de skr. *vŕkaḥ*
(le gr. *lúkos* paraît être la même forme); le féminin
v. isl. *ylgr* « louve » (où la prononciation gutturale
est conservée) a une sonore, qui s'explique par l'ancienne place du ton : cf. skr. *vṛkíḥ* « louve ». L'*s* d'un
mot comme v. angl. *nasu* (et *nosu*) « nez » se maintient
parce que le ton était sur l'initiale, cf. véd. *nắsā*
« narines »; au contraire, en regard de skr. *snuṣā́* et
de gr. *nuós* « bru », on a, avec *r* représentant un *z
du germanique commun, v. isl. *snor*, v. angl. *snoru*,
v. h. a. *snura*. Il y a un contraste saisissant entre
got. *taihun*, v. sax. *tehan*, v. h. a. *zehan* (de *dekṃd*,
dekomd), où l'ancienne spirante sourde se maintient,
en face de lit. *dēšimt* « dix », et got. *hund*, v. sax.
hund, v. h. a. *hunt* « cent », où l'ancien *ϕ passe à *d
(qui devient occlusif après nasale), en face de skr.
çatám, gr. -*katón* « cent ».

Malgré les exemples de cette sorte qui montrent
le principe de la répartition, on pourrait garder un
doute sur la généralité de la règle, parce que l'on
ne connaît la place du ton indo-européen que pour
un nombre très restreint de mots, et que, d'ailleurs,
la place du ton indo-européen variait dans des conditions complexes qui ne sont pas toutes exactement
déterminées. Mais certains faits grammaticaux viennent apporter la preuve décisive.

Le prétérit des verbes forts repose essentiellement

sur le parfait indo-européen. Or, le sanskrit a au
parfait une variation de la place du ton qui ne peut
pas n'être pas ancienne. Aux formes du singulier
telles que skr. *véda* » je sais, il sait », qui ont le
ton sur la syllabe initiale, s'opposent les formes du
pluriel *vidmá* « nous savons », *vidá* « vous savez »,
vidúḥ « ils savent » qui ont le ton sur la désinence.
Le germanique présente dans ses prétérits forts une
alternance de **f, þ, x, x^w, s* au singulier, et de **b, d,
γ, w, ʒ* (devenu *r* en nordique et en germanique occidental) au pluriel, qui s'explique par une variation
de la place du ton concordant avec celle du sanskrit.
On a donc :

	V. ISL.	V. ANGL.	V. SAX.	V. H. A.
3ᵉ sg.		*tēah*	*tōh*	*ʒōh*
				« il a tiré »
3ᵉ pl.		*tugon*	*tugun*	*ʒugun*
				« ils ont tiré »

(cf. lat. *dūcō* « je conduis »).

3ᵉ sg.		*weard*		*ward*
				« il est devenu »
3ᵉ pl.		*wurdon*		*wurtun*
				« ils sont devenus »

(cf. skr. *várte* « je me tourne », lat. *uertō*).

3ᵉ sg.		*seah*	*sah*	*sah*
				« il a vu »

3ᵉ pl.   *sāwon*   *sāwun*

                                    « ils ont vu »

(la consonne intervocalique est *ḫw* : got. *saihwan* « voir »).

3ᵉ sg.   *vas*   *was*   *was*   *was*

                                    « il était »

3ᵉ pl.   *vǫro*   *wāeron*   *wārun*   *wārun*

                                    « ils étaient »

(cf. skr. *vásati* « il demeure »).

Le gotique a perdu en général ces alternances grammaticales. Toutefois il en a conservé la trace dans ses prétérito-présents ; il oppose par exemple *aih* « il possède » à *aigun* « ils possèdent », cf. skr. *íçe* « j'ai pouvoir sur ».

Une autre série d'alternances, tout aussi probante, est fournie par les verbes causatifs. Les présents du type dit thématique à vocalisme radical *e*, type auquel appartiennent la plupart des verbes forts germaniques, avaient le ton sur la syllabe initiale ; au contraire, les causatifs avaient le ton sur le suffixe ; le sanskrit oppose ainsi *várdhati* « il croît » à *vardhá-yati* « il fait croître ». Ceci se traduit en germanique pour les sifflantes et spirantes par des alternances entre la prononciation sourde et la prononciation sonore : got. *fra-wairþan* « périr », cf. skr. *vártate* « il se tourne », mais *fra-wardjan* « faire périr », cf. skr. *vartáyati* « il fait tourner ». Par exemple, à v.

angl. *ge-nesan,* v. sax. et v. h. a. *gi-nesan* « guérir »
(cf. skr. *násate* « il revient », gr. *néetai* « il revient », à
côté de *nós-tos* « retour ») s'opposent v. angl. *nerigan,*
v. sax. *nerian,* v. h. a. *nerien* « sauver » (cf. skr. *nā-
sáyati* « il fait revenir ») ; le gotique, qui conserve
mal les alternances ici comme au parfait, a généralisé
l's de *ga-nisan,* et a par suite *nasjan* « sauver ».

Les adjectifs radicaux en *-to-* et en *-no-*, que le
germanique a incorporés au système verbal, avaient
le ton sur le suffixe en indo-européen, ainsi skr.
çru-tá-ḥ « entendu », gr. *kly-tó-s* « célèbre », ou
skr. *pūr-ṇá-ḥ* « plein ». C'est ce qui fait que les spirantes sourdes intervocaliques se sonorisent tandis
que le présent correspondant présente la spirante intervocalique sourde : v. sax. *tiohan,* v. h. a. *ʒiohan*
« tirer » : v. sax. *gi-togan,* v. h. a. *giʒogan* « tiré » ;
de même v. isl. *kiōsa,* v. angl. *cëosan,* v. sax. *keosan,*
v. h. a. *kiosan* « choisir » : v. isl. *kørenn,* v. angl.
coren, v. sax. et v. h. a. *gi-koran* » choisi ».

Il y avait en indo-européen des types de noms où
la place du ton variait au cours de la flexion. Cette
variation est nettement conservée en lituanien, où
l'on a par exemple acc. sg. *ãkmeni* « pierre », mais
gén. sg. *akmeñs* ; acc. sg. *gálvą* « tête », mais gén.
sg. *galvõs* ; acc. sg. *sũnu* « fils », mais gén. sg.
sūnaũs. Ces alternances expliquent sans doute des
oppositions de formes des noms dans les dialectes
germaniques, ainsi got. *auso* (gén. *ausins*) « oreille »,

mais v. isl. *eyra,* v. angl. *ēare,* v. h. a. *ŏra* ; got. *dau-þus* « mort », mais v. sax. *dōd,* v. h. a. *tōt* ; etc. Les exemples de ce genre sont nombreux.

Donc, à la date où *ș et les spirantes placées entre deux éléments sonores sont devenus sonores, le ton indo-européen, dont il n'y a plus trace à l'époque historique en germanique, subsistait encore, et la présence de ce ton sur la syllabe initiale du mot suffisait pour empêcher la sonorisation d'une sifflante ou d'une spirante immédiatement suivante.

La loi de Verner n'est démontrée que pour la spirante qui suit la tranche vocalique de la syllabe initiale du mot.

Dans le reste du mot, les anciennes spirantes sourdes sont aussi représentées tantôt par des sourdes, tantôt par des sonores. En gotique, la répartition est réglée par une dissimilation : les sifflantes et spirantes entre sonores deviennent sonores si la syllabe précédente commence par une sourde ; elles restent (ou redeviennent?) sourdes si la syllabe précédente commence par une sonore : *auþida* « désert », mais *meriþa* « rumeur » ; *witubni* « science », mais *waldufni* « puissance » ; etc. Pour les autres dialectes, dans le même cas, le principe de la répartition des spirantes entre sourdes et sonores est inconnu.

La sonorisation des sifflantes et spirantes placées entre sonores est un fait d'assimilation aux phonèmes voisins. Une consonne initiale de mot est

dans une position moins critique qu'une consonne
intérieure; mais on conçoit également que l'assimilation se produise; et en effet *s* initial de mot est
venu à se prononcer sonore en allemand : *so* se pro-
nonce *zo*. Dans une partie des dialectes anglais, les
spirantes initiales se sonorisent; ainsi *þ* passe à *đ*.
L'anglais tout entier offre ce phénomène pour les
mots accessoires : *th* initial est normalement sourd en
anglais, à la différence de *th* intervocalique, qui est
constamment sonore; mais l'article *the* a un *th* sonore. Pareil fait a eu lieu pour les pronoms personnels inaccentués dès une date préhistorique dans plusieurs dialectes : en regard du lat. *tū* « toi- », on
a, comme forme principale, accentuée : got. *þu*,
v. isl. *þū*, v. sax. *thū*, v. h. a. *dū*; mais il y a une
forme accessoire, inaccentuée, devenue *đu*, qui est
en vieil islandais -*đu* (-*đo*) et en vieux haut-allemand -*tu* : *nimis-tu* « tu prends » (all. mod.
nimmst). L'action des voyelles tendant à sonoriser
les sifflantes et les spirantes s'étend donc très loin
en germanique.

Mais, et ceci a eu pour tout le développement de
la langue une influence décisive, jamais l'altération
des consonnes intervocaliques n'est allée jusqu'à la
suppression. Ce qui rend les mots latins méconnais-
sables sous l'aspect qu'ils prennent en français, c'est
que les consonnes intervocaliques se sont fortement

altérées ou même réduites au point de disparaître ; dans fr. *feu,* on ne reconnaît plus le latin *focum* ; dans *père,* on ne reconnaît plus le latin *patrem* ; dans *mi,* on ne reconnaît plus le latin *medium.* En germanique, il ne s'est rien passé de semblable. Certaines consonnes ont changé d'aspect, mais elles ont subsisté ; d'autres, comme les sourdes germaniques **p, t, k* sont stables dans la plupart des dialectes ; en somme, les mots ont gardé intacte la séparation mise par les consonnes entre les syllabes, ce qui forme, pour ainsi dire, le squelette des mots. Soit un ancien **kápiti* « il prend » ; dans got. *hafjiþ* (remplaçant **hafiþ*) ou dans v. h. a. *hevit,* les consonnes sont moins bien conservées que dans le correspondant lat. *capit* ; mais la structure d'ensemble est la même. *Vater, Mitte* ont des physionomies d'ensemble plus pareilles à celles de lat. *patrem, medium* que fr. *père, mi.* De là vient que les mots indo-européens sont souvent reconnaissables en germanique jusqu'à présent malgré le nombre et la gravité des changements phonétiques intervenus.

C'est un des traits caractéristiques des langues celtiques — sous des formes différentes en gaélique et en brittonique — qu'une forte altération des consonnes intervocaliques. Le français a hérité de cette tendance celtique. Le germanique offre, on vient de le voir, une tendance pareille, mais moins forte.

CHAPITRE III

LE SYSTÈME VOCALIQUE

Il y a lieu de distinguer en indo-européen les voyelles proprement dites, qui offrent seulement trois timbres, *a, e, o, et les sonantes, qui fonctionnent tantôt comme consonnes devant une voyelle : *y, w, r, l, m, n, tantôt comme voyelles devant une consonne ou en fin de mot : *i, u, r̥, l̥, m̥, n̥, tantôt, après une voyelle proprement dite et devant une consonne ou en fin de mot, comme seconds éléments de diphtongues, par exemple *ei, eu, er, el, en, em.

Les voyelles proprement dites étaient les unes brèves et les autres longues ; il y avait donc *e, ē, o, ō, a, ā. En indo-européen, on distinguait de plus un autre élément vocalique, qu'on désigne par le signe *ə ; dans la syllabe initiale du mot, cet *ə se confond entièrement avec *a bref en germanique comme dans la plupart des langues indo-européennes autres que l'indo-iranien où *ə est représenté par *i ; dans les syllabes intérieures *ə s'amuit d'ordinaire en germanique, comme en iranien, en arménien, en slave et en baltique; ou, s'il est représenté par quelque voyelle dans des cas difficiles à déterminer, c'est par l'une des autres voyelles germaniques, *a, i ou u. Pratiquement, il n'y a donc à considérer que *e, o, a brefs et longs.

Ce système vocalique, déjà peu varié, a été encore réduit en germanique : les timbres o et a ont été confondus. Pareille confusion a eu lieu aussi en baltique, en slave et en albanais; l'indo-iranien, qui confond les trois timbres a, e, o dans l'unique timbre a, est allé plus loin encore. La distinction de o et de a s'est maintenue en grec, en italique, en celtique et en arménien; il y en a des traces en letto-lituanien pour les longues seulement.

Aux deux voyelles brèves o et a du grec, de l'italique, du celtique et de l'arménien, le germanique répond par la seule voyelle *a. On a donc a dans got. akrs « champ », v. isl. akr, v. h. a. achar, en face de l'a de skr. ájrah, gr. agrós, lat. ager, arm. art (avec consonne altérée), et aussi dans got. fadar « père », v. isl. fader, v. h. a. fater, cf. lat. pater, gr. patér, v. irl. athir, arm. hayr et skr. pitā (avec i montrant qu'il s'agit de l'ancien *ə). Mais on a également a dans got. ahtau « huit », v. isl. ātta, v. h. a. ahto, en face de l'o de lat. octō, gr. oktō, v. irl. ocht ; on a de même got. asts « rameau », v. h. a. ast, en face de gr. óždos, arm. ost.

Aux deux voyelles longues *ā* et *ō* du grec et de l'italique, aussi distinguées par le celtique et l'arménien, le germanique répond par **o* long ; les voyelles longues sont donc représentées par une voyelle plus fermée que celle qui représente les brèves correspondantes. On a ainsi got. *broþar* « frère », v. isl. *brōþer*, v. sax. *brōther*, v. h. a. *bruoder*, en face de lat. *frāter*, gr. *phrā́tōr*, tout comme got. *bloma* « fleur », v. isl. *blōme*, v. sax. *blōmo*, v. h. a. *bluomo*, en face de lat. *flōs*.

Quant au système des sonantes, il se disloque par le fait que le fonctionnement des trois types : consonne, voyelle, second élément de diphtongue, ne se maintient pas.

Les sonantes consonnes **y, w, r, l, m, n* se maintiennent sans changement notable en germanique commun et n'appellent pas de remarque. La chute de *y* et de *w* à l'initiale des mots dans certaines conditions est une particularité caractéristique du nordique.

Les sonantes voyelles changent de caractère. Les deux plus vocaliques, *i* et *u*, sont considérées comme des voyelles proprement dites, sous forme brève et sous forme longue. Les quatre autres : **r̥, l̥, n̥, m̥* sont remplacées par des diphtongues en *u* : **ur, ul, un, um*. Soit par exemple **r̥*, dans un des mots dont la racine est **ters-* « sécher », skr. *tr̥ṣúḥ* « assoiffé, avide de » ; on a, comme correspondant, got. *þaúrsus* « sec »,

v. isl. *þurr*, v. h. a. *durri* (*s* intérieure de got. *paur-sus*, au lieu du χ attendu, est analogique de *-þairsan* « sécher »). Soit encore **m* dans la première syllabe de skr. *çatám* « cent », gr. *-katón*, lat. *centum*, lit. *šimtas* ; on a, comme correspondant, got. *hund*, v. h. a. *hunt* (**m* est devenu **n* en germanique devant une occlusive dentale).

Quand les sonantes se trouvaient entre une consonne et une voyelle, elles pouvaient en indo-européen se briser en une voyelle très brève suivie de sonante consonne. La voyelle très brève offre des timbres qui varient suivant les dialectes indo-européens ; le grec par exemple, a *ar, al, an, am* en pareil cas ; le germanique a alors **u*, dans **ur, ul, un, um*; par exemple, on a got. *sums* « quelqu'un » (de **sumaz*), v. sax. et v. h. a. *sum*, cf. gr. *hamo-* (dans *oud-amos* « personne ») ; got. *faura* « devant », v. angl. *for*, v. h. a. *fora* (avec *o* issu de *u* dans tous les dialectes), cf. skr. *purá* « avant », gr. *para*.

Les diphtongues indo-européennes formaient trois séries, en *e*, en *o* et en *a*, ainsi **ei, oi, ai* ou **eu, ou, au*, par exemple. Par suite de la confusion de *o* et de *a*, ces trois séries se sont réduites à deux en germanique ; on a également *ai* dans got. *ains*, v. isl. *einn* « un », cf. v. lat. *oinos*, gr. *oino-*, et dans got. *ais* « bronze », v. isl. *eir*, cf. lat. *aes*.

Dans toutes les langues indo-européennes, les diphtongues tendent à se simplifier, et souvent d'assez bonne heure. En sanskrit, la simplification de *ai et *au en e et o (longs) est chose faite dès les plus anciens textes. En germanique, au contraire, les diphtongues ont été très résistantes. Seule, la diphtongue *ei, dont les deux éléments composants sont phonétiquement très voisins l'un de l'autre, est simplifiée en ī dès avant les plus anciens textes de tous les dialectes. Les diphtongues germ. *ai, au sont diphtongues actuellement encore en allemand, sauf certains cas particuliers. Toutes les simplifications de diphtongues qui ont eu lieu se sont donc produites indépendamment dans chacun des dialectes germaniques ; et la diversité des traitements des diphtongues suivant les dialectes est pour beaucoup dans les différences d'aspect que présentent les mêmes mots d'une langue germanique à l'autre.

Ceci posé, on s'attend à trouver en germanique le système suivant :

Voyelles brèves	*a	e	i	u
— longues	*ō	ē	ī	ū

à quoi doivent s'ajouter les diphtongues ai, au, an, am, ar, al, etc. C'est en effet à peu près ce qui existe.

L'*ē germanique commun, représentant un ancien ē, est représenté en gotique par e (c'est-à-dire e long fermé) et en nordique et dans les dialectes occidentaux par ā (au moins en syllabe initiale ; ē dans les autres syllabes), ainsi dans got. seþs « semence »,

v. isl. *sāđ*, v. angl. *sāed*, v. sax. *sād*, v. h. a. *sāt*, en face de lat. *sē-men*. Il y a un autre *ē*, d'origine obscure — et sûrement d'origines variées — qui a un traitement spécial en scandinave et dans les dialectes occidentaux, par exemple got. *hēr* « ici », en regard de v. isl., v. angl., v. sax. *hēr* (avec *ē*, et non *ā*), v. h. a. *hear, hiar.*

Tous les anciens *e* brefs ne sont pas représentés dans les divers dialectes germaniques par des *e*, ni tous les anciens *i* brefs par des *i*; en réalité, les *i* et les *e* des divers dialectes répondent à des *i* ou à des *e* anciens presque indifféremment, et la répartition de *i* et de *e* est définie par des règles propres à chacun des dialectes germaniques. Tout se passe donc à peu de chose près comme s'il y avait en germanique commun une voyelle unique, qui deviendrait *i* ou *e* suivant les cas. D'autre part, dans les conditions où apparaît *e* dans chaque dialecte, on observe que l'ancien *u* est d'ordinaire représenté par un *o* bref, qui ne répond jamais à un ancien *ŏ* indo-européen, et qui est de création germanique. On se trouve ainsi très loin du système indo-européen.

C'est qu'il intervient un principe radicalement nouveau. Chaque voyelle du mot indo-européen a pour ainsi dire son autonomie, et l'élément vocalique de la syllabe ne dépend à aucun degré des consonnes ou des voyelles voisines. En germanique, au contraire, le timbre des voyelles, d'abord des voyelles brèves, et, plus tard, même des voyelles longues, est commandé par leur place dans le mot et par les éléments consonantiques et vocaliques qui les suivent dans le même mot.

Ce principe s'amorce seulement en germanique commun. Mais on en trouve des applications dans tous les dialectes germaniques, et les effets en sont d'autant plus marqués qu'on observe une période plus avancée de l'histoire du dialecte considéré. Les actions des consonnes et des voyelles sur les voyelles précédentes se produisent, ou du moins s'achèvent, en notable partie durant la période historique. Comme elles ont eu lieu indépendamment dans chaque dialecte, le vocalisme a pris dans les divers dialectes germaniques des aspects très différents. Le vocalisme anglais, le vocalisme danois, le vocalisme suédois, le vocalisme allemand sont maintenant tout à fait distincts les uns des autres.

Le vocalisme gotique, dans son extrême simplicité, est instructif pour le type germanique commun. Il comporte trois voyelles brèves *a, i, u,* et quatre voyelles longues *ō, ē, ī, ū.* Les voyelles *e* et *o* sont fermées ; comme elles sont toujours longues, on n'en indique pas expressément la quantité ; la voyelle *i* est notée *ei* ; la voyelle *ū* n'a pas de notation différente de celle de *ŭ.* Les voyelles brèves *i* et *u* prennent devant les consonnes *h* et *r* les timbres *e* et *o* ouverts ; on les note alors *ai* et *au*. Par exemple, en regard de v. sax. *tugun*, v. h. a. *zugun* « ils ont tiré », le gotique a *tauhun* (avec *h* remplaçant *g* d'après le singulier *tauh* = v. sax. *tôh* et d'après le présent *tiuhan*). Devant *r* et *h,* le gotique a donc *ĕ* (noté *ai*), qu'il y ait eu anciennement *e* ou *i* ; ainsi l'on a got. *wair* « homme » en face du lat. *uir* tout comme *faihu* « argent (monnaie) » (originairement « troupeau ») en face du lat. *pecu* « troupeau ». La répartition de *i, u* et de *ĕ, ŏ* étant ainsi réglée par une formule constante, le gotique n'enseigne rien sur le traitement de *$^{*}i$, e* et *u* en germanique commun. Mais de ce traitement il ressort, d'une part, que *$^{*}ĭ$* et *$^{*}ĕ$* tendaient à se confondre, de l'autre, que *$^{*}ĭ$* et *$^{*}ŭ$* étaient sujets à subir l'action d'une consonne suivante.

A en juger par le nordique et par le germanique occidental, l'ancien *$^{*}e$* a passé à *$^{*}i$* dès une date ancienne, sans doute dès le germanique commun, devant nasale : à v. irl. *sēt* (de *$^{*}sent$*), moyen breton *hent* « chemin » le germanique répond par got. *sinþs,* v. isl. *sinn,* v. angl. *sīđ* (de *$^{*}sinþ$*), v. h. a. *sind.* L'*$^{*}i$* ainsi produit est toujours demeuré *i,* de même que *$^{*}u$* devant nasale est toujours demeuré *u.*

Il semble que, en toute syllabe non accentuée (voir le chapitre suivant sur l'accent), *$^{*}e$* ait passé à *$^{*}i$* ; mais le fait ne se laisse pas aisément illustrer par des exemples clairs.

En germanique occidental, et, moins clairement,

en nordique, la répartition de *e, o,* d'une part, de *i, u,* de l'autre, dans la syllabe initiale du mot, est réglée par une formule simple : on a *e* et *o* si la syllabe suivante a une voyelle *a* ou *ō,* et l'on a *i, u* si la syllabe suivante renferme une voyelle de timbre *i* ou *u,* ou s'il y a un *y* consonne. Soit donc un mot comme **wiros,* « homme » cf. lat. *uir,* on aura germ. **wiraz,* d'où v. isl. *verr,* v. angl., v. sax., v. h. a. *wer,* avec *e* ; soit **bheronon* « action de porter », on aura l'infinitif, v. isl. *bera,* v. angl., v. sax., v. h. a. *beran* « porter » ; etc. Mais il suffit d'introduire *i* ou *u* pour que, aussitôt, apparaisse *i* au moins dialectalement : v. h. a. *biru* « je porte » (de **bherō ;* sur *ō* final, voir p. 87), *biris* « tu portes » (de **bheresi),* *birit* « il porte » (cf. v. russe *bereti),* en face de *beramēs* « nous portons » (cf. gr. *phéromen,* avec une désinence un peu différente), *berant* « ils portent » (cf. gr. dorien *phéronti).* Le vieux haut allemand oppose de même *erda* « terre » (cf. gr. *érazde* « sur terre ») à *irdīn* « de terre ». Devant **-dhy-,* **e* donne aussi *i* dans tous les dialectes germaniques : skr. *mádhyaḥ* « qui est au milieu », lat. *medius,* cf. v. isl. *miđr,* v. angl. *midd,* v. h. a. *mitti.*

De même *u* se maintient devant *i* et *u* ; ainsi **sunuz* « fils » (cf. skr. *sūnúḥ,* lit. *sūnùs*) donne v. norr. run. *sunuR,* v. angl., v. sax., v. h. a. *sunu* ; mais un germ. commun **yukan* (cf. skr. *yugám,* gr. *zdygón,* lat. *iugum*) « joug » donne v. isl. *ok,* v. angl. *geoc,* v.

h. a. *joh*, en regard de got. *juk*. Ces faits sont du reste troublés par une foule d'actions analogiques et d'influences particulières.

On s'est demandé si le gotique a été atteint par la transformation de *ŭ* en *ŏ* devant une syllabe contenant *a* ou *ō* et si le gotique n'aurait pas confondu à nouveau les deux voyelles dans son *u*. Le nom des Gots est *Gutones* chez Strabon et Pline, *Gotones* chez Tacite. Mais la forme à *o* de Tacite, qui se retrouve par la suite, peut avoir été empruntée à des Germains autres que les Gots; elle ne reproduit pas nécessairement une prononciation gotique. Et d'autre part, le gotique d'Ulfilas ne suffit pas à indiquer que la prononciation *u* ait été universelle en gotique. Le problème est indéterminé, faute de données.

La concordance générale entre le nordique et le germanique occidental garantit que le passage de **i* (représentant **e* et **i*) et de **u* à **e* et **o* devant une syllabe renfermant *a* ou *ō* est chose ancienne, et les graphies *Gotones* de Tacite, *Gothi* de Trebellius Pollion attestent que, dès le début de l'ère chrétienne, l'*o* existait dans une partie du germanique, sinon chez les Gots. — La passage de **e* à **i* sous l'influence d'un **i* d'une syllabe suivante n'était pas encore achevé en nordique commun; car on lit en norrois runique *erilaʀ* (le mot *iarl* du vieil islandais); à plus forte raison, il ne peut passer pour germanique commun.

Mais la concordance du nordique et du groupe des dialectes occidentaux montre que la tendance au moins est germanique commune.

. La voyelle *i* et la consonne *j* ont continué d'agir, après avoir occasionné les changements qu'on vient de voir. En nordique et en germanique occidental, ces éléments tendent à transformer **a* en *e* dans des conditions qui varient de dialecte à dialecte; tantôt les résultats concordent, et tantôt ils ne concordent pas. Par exemple, en face du got. *satjan* « asseoir », on a v. isl. *setia,* v. angl. *settan,* v. sax. *settian,* v. h. a. *sezzen,* partout avec *e*; mais de **gastiz* « hôte », qui est -*gastiʀ* dans les plus vieux textes norrois runiques, on a dès 700 ap. J.-C. -*gestʀ,* v. isl. *gestr*; de même le vieil anglais a *giest,* tandis que le vieux saxon et le vieux haut allemand ont *gast*; en revanche, au pluriel, devant *i* conservé, le vieux saxon et le vieux haut allemand ont *gesti* (cf. got. *gasteis*). Le détail de ces faits relève de l'étude particulière de chaque dialecte germanique.

L'altération de *u* par un *i* suivant n'a abouti que tardivement dans les dialectes allemands; elle n'est pas encore notée dans les textes vieux haut-allemands. Soit, par exemple, le germanique commun **fullaz* « plein », attesté par got. *fulls* (cf. v. sl. *plŭnŭ,* lit. *pìlnas,* et, avec un traitement spécial de **ḷ* qu'il n'y a pas lieu d'examiner ici, skr. *pūrṇáḥ*); l'*u* de **ul* est devenu normalement *o* dans v. h. a. *fol (follēr),* tandis que, sous l'influence d'autres formes, il restait *u* dans v. angl., v. sax. *full*; au verbe dérivé got. *fulljan* « emplir », répondent v. isl. *fylla,* v. angl. *fyllan,* tandis que le vieux haut allemand note *fullen*; néanmoins l'*u* s'est infléchi aussi en allemand; l'altération est notée déjà en moyen haut allemand, et l'allemand moderne a *ü* dans *füllen,* tout comme l'anglais a *i* dans *fill.*

Les voyelles longues, d'abord épargnées, ont été fortement atteintes à leur tour en vieil anglais et en nordique; par exemple à got. *sokjan* « chercher » (cf. lat. *sāgiō*) répond v. h. a. *suohhen,* sans altération; mais on a v. isl. *søkia,* v. angl. *sēcan* (angl. mod. *seech*).

L'ensemble, très complexe, des altérations des voyelles sous l'influence de *i, j* et *u* suivants est connu en allemand sous le nom de *Umlaut.* On peut l'appeler en français *inflexion* (on a aussi proposé le terme de *métaphonie*).

L' « inflexion » n'est pas le seul changement que les voyelles aient subi du fait des phonèmes voisins. Les consonnes agissent aussi. Par exemple, en allemand où les diphtongues *ai* et *au* se maintiennent en règle générale, ces mêmes diphtongues se simplifient en *ē* et *ō* devant *h* et *r*; soit, par exemple, got. *air* « plus tôt », v. h. a. *ēr*; got. *hauhs* « haut », v. h. a. *hōh*; etc. En anglais, les voyelles brèves se brisent devant *r* : à got. *wairpan* » jeter », v. h. a.

werfan, le vieil anglais répond par *weorpan*; à got. *arm* « bras », v. h. a. *arm,* par *earm*; etc.

En nordique, ce sont les voyelles des syllabes suivantes qui entraînent des « fractures » de voyelles brèves, ainsi *e* se brise en *ea, ia* devant un *a* de syllabe suivante : **ebnaz* (got. *ibns,* v. h. a. *eban*), devient v. isl. *iafn,* v. suéd. *iamn*; *e* se brise en *eo, io* devant un **u* de syllabe suivante : v. isl. et v. suéd. *miolk,* en face de got. *miluks* « lait », v. fris. *melok*.

Seule, une étude détaillée de chacun des dialectes germaniques, à chaque époque et presque dans chacun des parlers, permettrait de déterminer toutes ces actions délicates et infiniment variées. Par là, le vocalisme germanique, d'abord très simple — le gotique en donne quelque idée — s'est compliqué progressivement et a acquis toutes sortes de types nouveaux, très nuancés, surtout en anglais et dans les parlers scandinaves.

De même que le principe de la mutation des occlusives et que l'altération des consonnes intervocaliques, la tendance à conformer les voyelles à l'articulation des phonèmes voisins se retrouve en celtique : en irlandais comme en germanique, par exemple, il est impossible, en général, de déterminer si un *e* ou un *i* repose sur un ancien *e* ou sur un ancien *i.*

CHAPITRE IV

L'ACCENT D'INTENSITÉ INITIAL

Le « ton » indo-européen consistait en une élévation de la voix portant sur l'une des syllabes du mot. C'était un accent de hauteur. On en a la preuve, d'abord, par les descriptions que donnent les Indiens de l'accent védique, les Grecs de l'accent du grec ancien, et, en second lieu, par le fait que l'accent n'a exercé sur le timbre et la quantité des voyelles aucune action à date ancienne. D'une manière générale, les voyelles toniques et les voyelles atones sont traitées de même dans toutes les formes anciennes des langues où le ton indo-européen s'est maintenu jusqu'à l'époque historique : sanskrit, grec, slave, baltique. Nulle part on ne voit que le « ton » indo-européen ait eu aucune influence sur la prononciation des voyelles entre la période indo-européenne et celle des plus anciens monuments de chaque langue.

Le ton pouvait occuper n'importe quelle place dans le mot indo-européen ; la place du ton n'était pas déterminée par des conditions phonétiques ; elle servait à caractériser les mots et les formes grammaticales. Par exemple un singulier comme skr. *émi* « je vais » a le ton sur l'initiale, tandis qu'un pluriel comme skr. *imáḥ* « nous allons » a le ton sur la finale.

La loi de Verner, exposée au chapitre II, montre que le ton indo-européen existait encore en germanique au moment où s'est achevée la mutation consonantique. Il a disparu ensuite. On ne saurait naturellement affirmer qu'il n'en restait pas quelque chose au moment où ont été écrits les plus anciens textes, les premières inscriptions runiques ou la traduction de la Bible en gotique au IVe siècle. Mais nulle part à date historique rien n'indique en germanique une conservation du ton.

Le ton indo-européen n'intervenait pas dans le rythme de la langue. La versification du sanskrit, du grec ancien, du latin, et aussi la prose rythmique du grec et du latin, reposent uniquement sur des alternances de syllabes longues et de syllabes brèves. Le ton n'était pas lié à la quantité en indo-européen; il ne l'est que secondairement et très partiellement en grec et en latin. Aussi les oppositions de voyelles longues et brèves se sont-elles maintenues d'une manière ferme dans les plus anciennes langues indo-européennes. Sauf dans les finales, où il y a eu quelques pertes, dans un cas bien déterminé, le lituanien conserve jusqu'à présent l'opposition des voyelles longues et des voyelles brèves; sauf aussi dans les finales, le serbe et le tchèque en ont des traces importantes.

Les oppositions de longues et de brèves ont persisté en germanique commun ; il n'apparaît d'altérations germaniques communes de la quantité des syllabes que dans la syllabe finale, qui est à part. Sauf dans la syllabe finale, le gotique offre encore, exactement conservées, toutes les oppositions de brèves et de longues. Mais, si l'on passe de là aux plus anciens textes des dialectes nordiques ou germaniques occidentaux, on s'aperçoit que beaucoup des vieilles longues ont été abrégées ; en dehors de la syllabe initiale, la quantité, souvent aussi le timbre, des voyelles sont profondément troublés.

C'est que, ici encore, il est intervenu en germanique commun un changement décisif.

La syllabe initiale de tout mot principal de la phrase a reçu un accent d'intensité. Cet accent dont l'allemand et l'anglais actuels attestent toute la force a exercé une action considérable. Il a maintenu les longues sur lesquelles il tombait, tendant même avec le temps à allonger les syllabes brèves par allongement soit de la voyelle de la syllabe, soit de l'élément consonantique par lequel elle était séparée de la seconde syllabe du mot. Il a tendu à abréger les longues dans les syllabes inaccentuées.

Le rythme de la langue a dès lors dépendu seulement de cet accent. La versification germanique repose sur l'alternance de syllabes accentuées et inaccentuées. L'importance spéciale des syllabes initiales se marque en outre dans la versification des anciens dialectes germaniques par le grand rôle qu'y jouent les allitérations de consonnes initiales.

La phrase germanique est martelée par les accents d'intensité qui frappent les syllabes initiales de chacun des mots principaux.

Les mots longs reçoivent de plus un accent secondaire dont l'étude relève de l'examen de chaque dialecte particulier.

L'introduction de l'accent d'intensité à une place fixe, l'initiale, a été une révolution, et rien ne caractérise davantage le germanique.

L'existence d'un très fort accent d'intensité, qui se subordonne tout dans la langue, n'est pas chose fréquente. La plupart des langues indo-européennes, et, hors de l'indo-européen, la plupart des langues du monde, n'ont rien de pareil. On trouve un accent d'intensité dans d'autres langues que le germanique, mais presque nulle part un aussi fort et aussi actif. Habitués par leur langue à voir dans l'accent le principal agent des changements phonétiques, les linguistes allemands ont souvent exagéré le rôle de l'accent dans les langues qu'ils étudiaient. Dans les langues modernes de l'Europe, où l'élément chantant du langage va s'atténuant, l'accent joue un rôle notable; mais sauf en russe il n'a presque nulle part une importance comparable à celle qu'on lui voit dans les langues germaniques occidentales.

Sans doute, le germanique n'est pas la seule langue indo-européenne qui ait un accent d'intensité, ni la seule qui ait fixé l'accent à une certaine place du mot. Des faits analogues aux faits germaniques s'observent dans les langues les plus voisines à l'Occident. En celtique, l'irlandais a fixé, aussi sur la syllabe initiale du mot, un accent d'intensité également fort et qui a exercé des actions aussi considérables; mais les autres dialectes celtiques n'ont pas d'accent sur l'initiale, et, si les dialectes brittoniques ont un accent d'intensité, cet accent n'a pas la force de celui du germanique. En latin très ancien, la syllabe initiale des mots a été traitée autrement que les syllabes intérieures; les voyelles brèves des syllabes intérieures subissent des altérations très graves auxquelles échappent les mêmes voyelles en syllabe initiale; mais la prononciation propre de l'initiale s'élimine dès le début de l'époque historique de la langue; les dialectes les plus voisins, l'osque et l'ombrien, n'altèrent pas les voyelles de la même manière. En germanique, au contraire, l'accent sur l'initiale est une propriété du groupe tout entier, et il a une force singulière qui a manifesté ses effets durant tout le développement historique de ce groupe.

Dans le gotique de Ulfila, tel qu'il est noté, les effets de l'accent initial sont encore presque invisibles. C'est tout au plus si quelques mots en laissent soupçonner l'existence.

Mais l'accord des dialectes nordiques et germaniques occidentaux met hors de doute que l'accent d'intensité initial a tendu à s'établir dès le germanique commun.

Comme la mutation consonantique et comme la transformation profonde du vocalisme, ce fait indique une influence extérieure. Il y a là un type de prononciation étranger à l'indo-européen; il a été introduit par la population qui a appris à parler le dialecte qui est devenu le germanique.

A partir du moment où il a été introduit, cet accent s'est imposé à toute la langue. Les mots empruntés n'y ont pas échappé. Quand, en germanique, on a emprunté des mots latins, ces mots ont reçu l'accent initial; et c'est ainsi que le latin *aséllus*, accentué sur *-sel-*, a donné *asilus* (forme du gotique), accentué sur *a-*, et que l'on a v. h. a. *esil*, all. mod. *esel*, tandis que le slave *osilŭ* a gardé l'accent du mot latin et que l'on a russe *osēl*, accentué sur *-sel-*. Le mot latin *palátium*, accentué sur *-la-* a donné en français *palais*, mais en allemand *pfalz*, par suite de l'accentuation sur l'initiale. C'est seulement avec le temps, et sous l'influence de formations germaniques composées où l'accent s'est trouvé fixé sur un élément non initial (type allemand *erfinden*, *empfángen* par exemple), que l'on a réappris en germanique à mettre l'accent ailleurs que sur l'initiale, et que l'on a emprunté des mots étrangers en leur laissant l'accent sur une syllabe non initiale.

L'action de l'accent initial sur le vocalisme a été grande. L'accent a agi sur la quantité et sur le timbre des voyelles.

En syllabe initiale, l'opposition des longues et des brèves s'est d'abord maintenue d'une manière exacte, tandis qu'en syllabe inaccentuée les longues tendaient à s'abréger et les brèves à s'amuir. Avec le temps, les brèves en syllabe accentuée ouverte ont même tendu à s'allonger; l'ancien *e* bref d'un mot comme v. h. a. *geban* est devenu long dans l'allemand moderne *geben* par exemple.

La différence de traitement entre les longues des syllabes accentuées et inaccentuées est saisissante : *ē* accentué passe à *ā* au cours des premiers siècles de l'ère chrétienne en scandinave et en germanique occidental, de sorte que l'ancien nom *Suēbī*, qui se lit chez César et que les Grecs notent Σουῆβοι, a passé à *Swāb*. Mais, en seconde syllabe, l'*ē* des verbes en -*ē*- subsiste, et l'on a v. h. a. *habēmēs* « nous avons ». En vieux haut allemand, les longues des syllabes inaccentuées demeurent, et ce n'est qu'au cours du moyen âge que ces longues se sont abrégées ; en scandinave, l'abrègement des longues inaccentuées est nordique commun. Par exemple, du mot germanique commun *gulþan, représenté par got. gulþ, v. isl. *gull*, v. h. a. *gold*, on a le dérivé got. gulþeins « d'or » et v. h. a. *guldīn* avec ī, mais v. isl. *gullenn*.

Plus ou moins anciennement, tout le système, capital en indo-européen, de l'opposition des syllabes longues et des syllabes brèves a été ainsi bouleversé. En l'éliminant, le germanique n'a guère fait du reste que ce qui s'est produit, à des dates diverses, au cours de l'histoire de la plupart des langues indo-européennes : l'opposition délicate des voyelles longues et des brèves a tendu à s'éliminer, et un petit nombre seulement des langues indo-européennes, notamment le lituanien et le serbe, la présentent aujourd'hui encore plus ou moins complètement.

L'amuissement des voyelles brèves intérieures inaccentuées est un trait déjà plus caractéristique du germanique. Au début, cet amuissement a dépendu de la quantité de la syllabe précédente accentuée. Ce qui montre une persistance de l'importance indo-européenne des syllabes longues, c'est qu'une voyelle brève s'amuit plus tôt après syllabe longue qu'après syllabe brève. Ainsi, dans les prétérits dits faibles, le vieux haut allemand oppose la forme à *i* du type *zelita* (infin. *zellen* « compter », cf. v. sax. *tellian*, de *taljan) à la forme sans *i* du type *suohta* (cf. got. *sokida* ; infin. v. h. a. *suohhen* « chercher » de *sōkjan) ; de même *nerita* « il a guéri », mais *hōrta* « il a entendu » ; etc. On observe des faits analogues en vieil anglais et en scandinave, mais dans chaque langue de manière indépendante, et suivant des règles de détail propres à chacune.

Ce qui caractérise tout à fait le germanique, c'est la façon dont s'est altéré le timbre des voyelles inaccentuées. Les anciennes formes du nordique et du germanique occidental offrent encore en général des timbres *a, i, u* bien distincts, même pour les voyelles brèves des syllabes inaccentuées. Puis les voyelles brèves inaccentuées tendent à se réduire toutes à un seul et même timbre banal, qu'on note par *e*. L'altération apparaît d'abord dans les préverbes, particules qui se soudent aux verbes et qui se trouvent par suite dans la syllabe qui précède immédiatement la syllabe accentuée : le plus ancien vieux haut allemand, au viiie siècle, a encore *ga-* comme le gotique ; puis ce *ga-* passe à *ge-* qui aboutit à *gi-* vers le ixe siècle ; ensuite on note uniformément *ge-* à partir de la dernière période du vieux haut allemand ; donc *ga-ʒógan, gi-ʒógan, ge-ʒógan*. De même *fur-, for-* du plus ancien vieux haut allemand devient *fir-*, puis *fer-*. Et ainsi de tous les anciens préverbes. En allemand et en anglais, les voyelles inaccentuées ont perdu progressivement tout timbre propre. Le timbre propre des voyelles inaccentuées s'est mieux conservé dans les parlers scandinaves, malgré de nombreuses altérations, parce que l'accent y est bien moins intense qu'en allemand et en anglais.

L'accent d'intensité initial n'a pas exercé d'action notable sur le traitement des consonnes. Il y a une innovation germanique commune qu'on pourrait être tenté d'attribuer à la présence de l'accent d'intensité initial : c'est la gémination de *y et *w dans un certain nombre de cas. Ainsi en regard du génitif skr. *dváyoḥ* « de deux », v. sl. *dvoju*, on a v. h. a. *zweiio* (*zweio*), v. sax. *tweio*, v. isl. *tueggia*, got. *twaddje*, toutes formes qui supposent y géminé. De même un ancien *triwaz* « fidèle » devient *triuwaz* dans v. sax. et v. h. a. *triuwi*, v. angl. *trēowe*, v. isl. *tryggr*, got. *triggws*. Il s'agit en réalité d'une gémination expressive héritée de l'indo-européen et dont la fortune a été grande en germanique. Le type v. h. a. *zweiio* est à rapprocher de gr. *doios* « double » ancien *dwoiyós*, c'est-à-dire *dwoyyós*. Le type v. h. a. *triuwi* est comparable au type lat. *lippus*. Le germanique a beaucoup de verbes tels que v. h. a. *lecchōn*, en face de lat. *ligūriō* (on remarquera que, en pareil cas, les anciennes sourdes et les anciennes sonores aspirées donnent en germanique des sourdes tout comme les anciennes sonores simples).

Hors du germanique, le seul groupe où l'accent d'intensité ait pris une aussi grande' importance est le celtique. En irlandais, l'accent d'intensité initial a eu des effets pareils à ceux de l'accent allemand ou anglais.

CHAPITRE V

TRAITEMENT DE LA FIN DE MOT

Du traitement général des syllabes inaccentuées il faut distinguer le traitement de la fin des mots polysyllabiques. La finale des mots polysyllabiques participe naturellement de la faiblesse générale des syllabes inaccentuées. Mais elle a une faiblesse spéciale, qui tient à son caractère de finale et d'où résulte que les altérations qui ont lieu dans toutes les syllabes inaccentuées se sont produites plus tôt et plus complètement dans la syllabe finale du mot qu'à l'intérieur. Le caractère à part des finales date de l'indo-européen, et toutes les langues du groupe en présentent des conséquences bien apparentes, là même où il n'y a aucun accent d'intensité et où toutes les autres syllabes du mot ont un seul et même traitement des mêmes éléments phonétiques.

Le traitement des finales est imparfaitement connu. Les exemples de chaque type de faits sont rares, et l'original indo-européen n'est pas toujours déterminable. On opère avec des formes grammaticales, suspectes par leur nature même d'avoir subi des actions analogiques.

D'autre part, les fins de mots sont soumises à des influences variées : la fin de mot se trouve dans des positions différentes suivant les cas : à la pause, devant un mot avec lequel le mot est lié ou devant un mot avec lequel il n'y a pas de liaison, devant une voyelle ou devant une consonne, et le traitement peut encore varier selon le caractère de la consonne suivante. Le sanskrit, où la fin du mot est notée de façons diverses selon l'initiale du mot suivant, donne une idée de cette variété. Enfin le traitement n'est pas nécessairement le même pour un même mot dans tous les cas ; car l'importance du mot n'est pas toujours la même dans la phrase ; si le mot a un rôle dominant, il est prononcé plus lentement et plus distinctement ; s'il a un rôle accessoire, il est prononcé plus vite et avec moins de soin ; ces différences se manifestent en particulier dans les finales parce que la position finale, débile par nature, rend les éléments qui s'y trouvent sensibles à tous les accidents. Contre la variété de formes de la finale pour un même mot la langue est amenée à réagir ; pour un même mot, pour un même type grammatical, elle tend à fixer l'une des formes, souvent celle qui s'adapte le mieux phonétiquement à l'ensemble des cas. Et le type phonétique fixé n'est pas nécessairement le même dans tous les mots. Il ne faut donc pas s'attendre à rencontrer dans les fins de mots des correspondances phonétiques aussi régulières que celles que l'on observe dans le reste du mot.

On se bornera par suite à indiquer ici des tendances générales, qui se laissent reconnaître, et l'on s'abstiendra de poser des règles absolues, qui auraient chance d'être fausses.

Les consonnes finales de mots ne comportaient pas d'explosion en indo-européen; elles se réduisaient à l'implosion par laquelle la voyelle de la syllabe finale est arrêtée. Il est résulté de là que ces consonnes ont tendu à s'éliminer; quand elles ne se sont pas éliminées, elles présentent des traitements souvent particuliers.

La seule occlusive sur laquelle on ait des données est l'occlusive dentale. Tout comme les dialectes italiques, le germanique n'a connu qu'une sorte de dentale finale. Dans les monosyllabes où l'occlusive s'est maintenue, cette dentale est la sourde *-t qui, suivant les règles de mutation, représente un ancien *-d; on a donc, en face du nominatif-accusatif singulier neutre skr. *tát* (*tád* devant sonore) « ceci » et lat. *is-tud*: v. isl. *þat*, v. sax. *that*, v. h. a. *daz*; le gotique a *þat-a*, avec addition d'une particule *-a*. De même, à lat. *quod* « quelle (chose) » répond v. isl. *huat*, v. sax. (*h*)*wat*, v. h. a. (*h*)*waz*. Une dentale finale de polysyllabe s'amuit dans tous les dialectes ; en face de skr. *bháret* « puisse-t-il porter », on a got. *bairai* « qu'il porte », v. isl. *bere*, v. h. a. *bere*.

La sifflante -*s* (-z) est fréquente à la fin des mots en indo-européen. Les témoignages concordent pour établir que le germanique commun représentait la sifflante finale indo-européenne par la sonore *-z. Le gotique, qui assourdit les spirantes finales, a -*s* au lieu de -z ; le -z n'y subsiste que dans quelques cas où il y a une particule suivante, étroitement liée dans la prononciation, et où dès lors le z, traité comme à l'intérieur du mot, s'est maintenu. Le nordique a fait du *-z final une -*r*, qui est notée dans l'alphabet runique par un signe spécial, distinct de celui qui note une *r* ancienne ; la transcription usuelle est -*R* ; en vieil islandais il y a l'*r* ordinaire. En germanique occidental, le *-z final s'est amui dans tous les polysyllabes, et il n'a subsisté que dans des monosyllabes, sous la forme -*r*. Un nominatif singulier i.-e. **ghostis* (cf. lat. *hostis* « étranger, ennemi ») aboutit ainsi à got. *gasts* « hôte », v. norr. run. -*gastiR*, v. isl. *gestr*, v. angl. *giest*, v. h. a. *gast*. Pour la conservation de -z en gotique et de -*r* en vieux haut allemand, on peut citer des formes de l'interrogatif-indéfini et des démonstratifs : en regard de lit. *kàs*, skr. *káḥ*, le gotique a *hwas* « qui » (*hwaz*- dans *hwaz-uh* « chacun »), et en regard de lat. *quis*, ancien iranien *čiš*, le vieux haut allemand a (*h*)*wer*; en regard de lat. *is*, le gotique a *is* (et *iz-* dans *iz-ei* « qui », relatif), et le vieux haut allemand a *er*. L'*r* de v. h. a. (*h*)*wer* et *er* a passé en allemand à la forme nouvelle *thēr*, d'où *der*, qui sert de nominatif au démonstratif *tha-* correspondant à got. *þa-*, cf. skr. *tá-*, etc., et de là à la flexion « forte » des adjectifs masculins.

La nasale finale se présente en indo-iranien et en italique sous la forme -*m*, dans les autres langues sous la forme -*n*. Cette nasale ne se maintient en germanique que dans les monosyllabes, après une voyelle brève; on a par exemple got. *hwan* « quand » = lat. *quom* et got. *þan* « alors » = lat. *tum*; on a, à l'accusatif masculin singulier, en regard de skr. *tám* « celui-ci », v. isl. *þan*, v. sax. *than*, v. h. a. *den* (avec un changement de voyelle par analogie), et, avec addition d'une particule, got. *þan-a*, v. angl. *đon-e*, v. sax. *than-a*. Dans les polysyllabes, la nasale finale s'amuit; ainsi en regard des nominatifs-accusatifs singuliers neutres dont la finale est skr. -*am*, lat. -*um*, et gr. -*on*, v. prussien -*an*, on a -*a* en vieux norrois runique, par exemple *horna* « corne ».

Le traitement qu'ont subi les voyelles en syllabe finale a été de plus grande conséquence que celui des consonnes. En effet ces voyelles ont tendu à subir un abrègement, qui a conduit les brèves à s'amuir, les longues à s'abréger. Dès lors, les syllabes finales tendant à perdre leur voyelle cessaient d'exister par elles-mêmes ou se réduisaient, et tout l'aspect général du mot était changé. La tendance à l'abrègement des voyelles de syllabes finales n'est pas propre au germanique; elle se manifeste aussi par exemple en slave commun, en lituanien, en latin. En germanique, cette tendance naturelle a été augmentée par l'intensité des initiales. La destruction des voyelles de syllabes finales a donc commencé de bonne heure, et elle n'a plus cessé de se poursuivre, si bien que le développement du germanique est dominé par cette élimination progressive, qui continue actuellement encore.

En germanique commun, il y a lieu de croire que les voyelles brèves des syllabes finales subsistaient complètement. Néanmoins, aucun texte, pas même les plus anciennes inscriptions runiques, n'a conservé un *a* ou un *i* final de mot; ainsi au prétérit, où la 1re personne du singulier était en **-a* (gr. *oida* « je sais ») et la 3e en **-e* (gr. *oide* « il sait »), le vieux norrois runique a déjà *nam* « j'ai pris », qui a perdu un **-a* final, et *gaf* « il a donné », qui a perdu un **-i* final (ancien **-e*) ; la finale **-eti* du présent des verbes est déjà *-iþ* en vieux norrois runique, comme en gotique.

Dans la mesure où les formes sont attestées, le vieux norrois runique conserve encore à peu près toutes les voyelles brèves des syllabes finales là où elles

,étaient suivies de consonnes; par exemple, devant -*R*
représentant **-ʒ* final (ancien **-s*), on a régulièrement
-*aR*, -*iR*, -*uR*; la nasale finale -*n* a disparu, mais la
voyelle précédente se maintient : -*a*, -*i*, -*u* représentent **-an*, **-in*, **-un*. Toutefois, dès le début du
VIII⁰ siècle, on trouve -*R* simplement au lieu des
anciens -*aR*, -*iR*.

En gotique, l'amuissement des brèves *a* et *i* est
plus ancien : à v. norr. run. *stainaR*, le gotique
répond par *stains*; à v. norr. run. -*gastiR* par *gasts*;
au contraire **-uʒ* se maintient régulièrement, sous la
forme -*us*, et l'on a *sunus* « fils ». De même, l'ancien
**-an* et l'ancien **-in*, maintenus en vieux norrois runi-
que sous les formes -*a*, -*i*, sont amuis en gotique, et
l'on y a : *stain*, *gast* en face de v. norr. run. *staina*,
gasti, à l'accusatif singulier masculin; au contraire
got. *sunu* se maintient. Même l'*u* en finale absolue subsiste : got. *filu* « beaucoup », avec *u* conservé aussi
dans v. angl. *feolu*, v. h. a. *filu* (de **pelu*) en face du
neutre gr. *polú* « beaucoup ».

Quant au germanique occidental, les anciens **-aʒ*
et **-an*, **-iʒ* et **-in* y sont réduits à zéro dès le début
de la tradition, et l'on a v. angl. *stān* et *giest*, v. h.
a. *stein* et *gast* dès le début à la fois pour le nominatif
et l'accusatif. L'*u* s'est mieux maintenu, et l'on a,
après syllabe brève, au nominatif-accusatif *sunu* en
vieil anglais, vieux saxon et vieux haut allemand;
mais, après syllabe longue, -*u* tombe aussi : v. angl.

hond, v. sax. *hand,* v. h. a. *hant,* en regard de got. *handus* (nom.), *handu* (acc.) « main ».

Il ne faudrait pas, du reste, formuler avec trop de rigueur des règles relatives à la chute des voyelles brèves en syllabe finale des dialectes germaniques. Par exemple. on a vu que *-iz* aboutit à *-s* en gotique dans *gasts* ; mais, là où *-iz* (remplaçant par analogie un ancien *-az*) sert de nominatif-accusatif aux thèmes en *-es-,* le gotique a *-is,* et le germanique occidental garde aussi l'*i* : en face de skr. *sáhah* (génitif *sáhas-ah*) « puissance, victoire », on a got. *sigis* « victoire », v. angl. *sige,* v. sax. et v. h. a. *sigi.* Dans un même type de mots, il peut y avoir flottement ; ainsi dans les adverbes issus d'anciens nominatifs-accusatifs neutres du comparatif, le gotique a *framis* « plus loin », mais *mins* « moins » (de **minns* ; cf. le comparatif *minniza* « moindre »), *wairs* « pis » (cf. *wairsiza* « pire »), etc.; partout où *-iz* est réduit à *-s* dans un adverbe gotique, la syllabe précédente est longue ; on a vu en effet, au chapitre IV, que, après une syllabe longue, les brèves s'amuissent plus vite qu'après une syllabe brève. Mais on n'ose pas poser de formule, car le gotique conserve par exemple *fotu* « pied », tandis que l'ancien **burgu* « citadelle » aboutit à got. *baurg.*

Le traitement des voyelles longues est plus incertain encore. Une partie de ces voyelles conservent leur quantité longue en germanique commun et apparaissent comme longues en gotique et en vieux haut allemand. D'autres se sont abrégées dès une date très ancienne et apparaissent, avec des timbres en partie divergents, comme des brèves, dans tous les dialectes. On n'examinera pas ici les hypothèses indémontrées faites depuis quelques années pour expliquer les divergences. On notera simplement quelques exemples de longues conservées à côté d'exemples de longues abrégées. Les longues en finale absolue semblent être toutes abrégées; au contraire les longues suivies de consonnes demeurent souvent longues.

Les voyelles longues finales *-ā et *-ō de l'indo-européen, qui se sont confondues en germanique, sont représentées en fin de mot par got. -a, nordique et germ. occid. -u. En voici un exemple clair :

1ʳᵉ personne du singulier du présent des verbes, type gr. *phérō* « je porte », lat. *ferō*; le gotique a *baira*, le vieux haut allemand *biru*; l'u final est amui en vieil islandais; mais le vieux norrois runique offre encore *gibu* « je donne » tout comme v. h. a. *gibu*.

En revanche, les anciens *-ā et *-ō se maintiennent en d'autres cas, notamment dans l'exemple suivant, où l'on notera du reste la présence de *-s finale :

Nominatif-accusatif pluriel des thèmes en -ā- : skr. -āḥ, lit. -os (acc. -às, de *-ós), osco-ombrien -ās (au nominatif seulement) : got. *gibos*, v. h. a. *gebā*, v. sax. *geba*, v. angl. *giefa* ; en scandinave, on a ici en norrois runique, d'abord *-oR* : *runoR* « runes », et plus tard *-aR* : *runaR* ; *-ar* est la forme du vieil islandais.

Devant la nasale finale, on a le même traitement, sauf en vieux saxon et en vieux haut allemand où apparaît *-o*, on ne sait pourquoi. Le génitif pluriel est en *-ām* en sanskrit, en *-ôn* en grec ; or, on a got. *gibo* « des dons », v. angl. *giefa*, v. sax. *gebo*, et, de même, v. isl. *saka* « des choses ».

En finale absolue, l'*ī* des féminins tels que skr. *bṛhatī* « haute » est abrégé ; le gotique même a des formes comme *frijondi* « amie », avec *-i* bref final. Et nulle part il n'y a trace de *-ī* dans ce type en germanique.

Dans les subjonctifs qui répondent exactement au type v. lat. *sīs*, *sīt* (plus tard *sīt*), on a *-ī* à la 2ᵉ personne du singulier, *-ī* à la 3ᵉ : got. *bundeis* « que tu ais lié », mais *bundi* « qu'il ait lié » ; le v. h. a. *buntīs*, *bunti* explique le contraste : au lieu de la désinence **-s* attendue dans cette forme, certains dialectes germaniques ont emprunté le représentant de l'ancien **-si* du présent, tandis que la 3ᵉ personne gardait le représentant de **-it* ; en effet **-s* finale ne se maintient pas en germanique occidental, on le sait ; le vieux saxon a aussi *bundis* ; mais le vieil anglais a le *bunde* attendu.

Tous ces faits sont compliqués et délicats. Pour le sort ultérieur du germanique, ce sont de simples curiosités. Car, avec le temps, les longues finales se sont toutes abrégées : on ne trouve que des brèves en vieil islandais et en vieil anglais. Puis, dans tout le germanique occidental, longues et brèves se sont réduites à un type vocalique uniforme et neutre, en général noté *e*. Cette voyelle neutre tend à ne plus se prononcer. En anglais, elle a disparu de la prononciation et même de l'écriture : là où le germanique commun avait **bindana(n)*, puis *bindan* (état du vieil allemand et du vieil anglais), l'anglais a simplement *bind*, tandis que l'allemand a *binden*. Les voyelles des syllabes finales du germanique commun n'ont pas été seules à être altérées, on le voit ; quand l'abrègement de ces voyelles en a eu déterminé l'amuïssement, la voyelle inaccentuée de la syllabe précédente, se trouvant en syllabe finale, a subi à son tour les mêmes mutilations, et, en anglais, la même destruction. Ce simple fait suffit à indiquer à quel point les finales se sont réduites progressivement en germanique occidental, et surtout en anglais.

En celtique, le groupe gaélique et le groupe brittonique s'accordent pour offrir une forte réduction des finales, de tout point comparable à ce qu'on observe en germanique.

CONCLUSION

Pour donner une idée complète du développement de la phonétique germanique, il faudrait signaler encore quelques détails du germanique commun et quelques particularités, soit du germanique occidental, soit du nordique. On laissera ces faits de côté, pour ne pas noyer les lignes d'ensemble.

Ces innovations particulières, dont quelques-unes ont été notées incidemment au cours de l'exposé, ont d'ailleurs contribué à augmenter encore la différence qui s'est établie entre le type indo-européen et le type germanique.

Tous les éléments du système phonétique indo-européen ont été ou transformés ou gravement modifiés en germanique. Souvent ils ont changé de valeur par le fait qu'ils ont pris place dans un ensemble nouveau. Une *r* ou une *l* du germanique continue les mêmes phonèmes de l'indo-européen ; mais ces liquides ont pris un autre caractère parce

qu'elles ont cessé d'alterner avec les formes vocaliques *$\underset{\circ}{r}$, *$\underset{\circ}{l}$.

Pas un des éléments du système indo-européen
n'est resté en germanique exactement ce qu'il était.
Les conservations exactes de formes, là où l'on croit
au premier abord en entrevoir, sont trompeuses.
La prononciation germanique diffère du tout au tout
de la prononciation indo-européenne.

En revanche, le principe initial de chacune des
grandes innovations du germanique a dans les
langues celtiques un correspondant exact. Tout se
passe comme si le germanique et le celtique avaient
subi l'action de langues ayant un même type pho-
nique, donc, sans doute, comme si le celtique et le
germanique avaient remplacé des langues s'articulant
d'une manière semblable.

MORPHOLOGIE

CHAPITRE PREMIER

EFFETS DES CHANGEMENTS
DE LA PRONONCIATION

Les nouveautés phonétiques qu'a introduites le germanique étaient de nature à bouleverser le système grammatical et à changer le caractère de la langue.

Deux de ces nouveautés ont eu une influence décisive : l'intensité initiale et l'altération des finales.

Pour le comprendre, il suffit de se représenter ce qu'était la structure grammaticale de l'indo-européen.

D'une part, l'indo-européen comportait des syllabes toutes égales entre elles en valeur significative, distinguées par une durée plus ou moins longue et par le degré de hauteur de la voix dans la partie vocalique. Aucune syllabe ne jetait dans l'ombre les syllabes voisines. Ainsi tous les éléments du mot étaient clairs.

D'autre part, les moyens d'expression de la grammaire indo-européenne étaient au nombre de trois : des éléments suffixés, dits suffixes et désinences —

des alternances portant sur la partie vocalique de chacun des trois éléments constitutifs du mot, racine,
suffixe et désinence — des variations de place du
ton. Par exemple, dans le présent du verbe « aller »
qui ne comporte pas de suffixe et qui a seulement
une racine et des désinences personnelles, la flexion
est 1re pers. sing. *éi-mi, 1re pers. plur. *i-més, comme
on le voit par skr. émi, imáḥ, gr. dorien eĩmi, imes
(cette forme n'a pas la place ancienne du ton).

L'intensité initiale et la forte altération des finales
tendaient à ruiner ce système.

On reviendra, dans le prochain chapitre, sur ce
que le germanique a gardé des alternances vocaliques,
qui étaient l'un des principaux moyens d'expression
de la morphologie indo-européenne. De l'intensité initiale, il résultait que ces alternances, qui en indo-
européen jouaient dans toutes les parties du mot,
ont gardé en germanique un rôle notable seulement
dans la première syllabe du mot, qui était la syllabe
radicale. Le jeu des alternances dans la flexion a ainsi
été détruit.

L'élimination du ton, qu'a ruiné l'intensité initiale, supprimait un autre procédé de la grammaire
indo-européenne, procédé dont les variations de place
de l'accent en lituanien et dans certaines langues slaves,
le russe et le serbe, notamment, donnent encore une
idée.

Restaient les désinences. Mais l'altération des fina-

les les déformait et en changeait l'aspect et souvent
le caractère, quand il ne les faisait pas entièrement
disparaître, comme, par exemple, l'*-n* de l'accusatif
singulier a disparu dans tous les mots polysyllabiques des dialectes germaniques : et ceci supprimait,
dans tous les mots autres que les démonstratifs (et
les adjectifs qui ont reçu la flexion des démonstratifs), la caractéristique de l'accusatif.

En revanche, l'intensité initiale mettait en évidence
la racine, qui occupait la première place du mot
indo-européen. Il s'est trouvé ainsi que l'élément
qui exprime l'idée générale du mot était prononcé
avec une grande intensité, tandis que le reste du mot
avait une importance sans cesse décroissante. C'est
l'événement décisif de l'histoire du germanique.

Qu'on examine par exemple un mot comme le
verbe signifiant « emplir ». Il y avait en indo-
européen une racine *pelǝ-*, *plē-* « emplir » ; de cette
racine a été formé, avec le suffixe *-no-*, un adjectif,
signalé déjà p. 66 suiv., et qui, dans la forme qui
sert d'antécédent immédiat au germanique, était
pḷ-nó- « plein » (cf. lit. *pìlnas*, v. sl. *plŭnŭ*, et skr.
pūrṇáḥ, v. irl. *lán*; le latin *plēnus* a un autre vocalisme radical, d'après le verbe -*plēre* de *implēre, com-
plēre*); cet adjectif devient en germanique *fulnaʒ*,
d'où, après une assimilation de *-ln-* en *-ll-*, *fullaʒ*:
got. *fulls*, v. h. a. *fol(l)*. De là a été tiré un verbe
dérivé, correspondant au slave *plŭniti* « emplir », et

A. MEILLET.

qui est de la forme germanique *fulljan* (ainsi en gotique). Tant par suite de l'altération des finales dans l'adjectif got. *fulls*, v. h. a. *fol*, que de l'importance décisive prise par la première syllabe accentuée, le germanique s'est constitué un élément radical *full-*, *foll-*, qui est net dans l'adjectif got. *fulls*, v. h. a. *fol* et dans le verbe got. *fulljan*, v. h. a. *fullen* (all. mod. *füllen*).

La dégradation des finales se poursuivant, il n'est resté, dans une langue telle que l'anglais, absolument que l'élément radical : *full* « plein », *fill* « emplir ». Ici, comme dans bien d'autres cas, l'élément radical du germanique contient des éléments étrangers à l'élément radical de l'indo-européen. L'élément radical constitué en germanique devient l'essentiel, et finalement le tout, du mot. C'est la négation du type indo-européen.

Dans d'autres langues, en latin, en irlandais, l'accent initial frappait le préverbe là où il y en avait un ; et l'élément radical subissait des altérations dès qu'il n'était plus l'élément accentué ; à *cadit* « il tombe », le latin oppose *ac-cidit* « il arrive », ou, au parfait à redoublement, *cecidit* « il est tombé ». En irlandais, où les syllabes inaccentuées sont presque anéanties dès le début de la tradition, il est résulté de là que la partie radicale du verbe est souvent méconnaissable. En germanique, rien de pareil. Le préverbe n'est jamais accentué devant le

verbe, et par suite la première syllabe du verbe, qui
est la syllabe radicale dans les verbes dérivés comme
dans les verbes radicaux, est la syllabe accentuée ; elle
garde toujours sa pleine clarté, tandis que le préverbe s'obscurcissait et finissait même, en anglais,
par disparaître. A une forme *ga-tauhans* « tiré » du
gotique, le vieux haut allemand répond par *gi-zogan,*
d'où l'allemand actuel *ge-zogen*. Le préverbe qui est,
en vieux haut allemand le plus ancien, *ant-* passe ensuite à *int-*, puis *ent-* ; ainsi *ant-fāhan*, puis *int-fāhan*,
puis *ent-fāhan* « recevoir », all. mod. *empfāngen*.
Le même préverbe, accentué sur l'initiale, dans un
composé nominal, garde son vocalisme ancien ; le
vieux haut allemand garde *ánt-fang* « réception »,
qui n'est devenu *empfang* en allemand moderne que
sous l'influence du verbe *empfangen*. Le gotique
accentuait *and-níman* « accepter », mais *ánda-nems*
« agréé, accepté » l'adjectif correspondant : la
voyelle brève finale de *anda-* disparaît dans le préverbe traité comme mot autonome devant le verbe
qu'il détermine ; elle subsiste dans le composé nominal
traité comme une unité ; l'allemand actuel a le même
adjectif, avec *ga-* en plus, sous la forme *an-ge-nehm* :
l'accent est sur l'initiale, avec accent secondaire sur
-nehm. De là vient que les formes verbales, qui sont
toujours accentuées fortement sur l'initiale, et dont
par suite le radical est toujours évident, prennent
dans la langue une situation dominante.

Le développement grammatical du germanique est donc commandé par deux grands faits : l'intensité initiale a donné aux radicaux une importance nouvelle ; la dégradation des finales a tendu à ruiner la flexion, et l'a en effet ruinée dans des langues comme l'anglais et le danois.

Le développement a été poussé si loin en anglais que les mots germaniques s'y sont réduits en grande partie à l'élément radical et que cet élément radical, dénué de flexion, sert souvent à la fois de nom et de verbe : un mot comme angl. *love* signifie « amour », s'il est précédé de l'article *the*, « aimer », s'il est précédé de la préposition *to*, ou « j'aime », s'il est précédé de l'élément *I*. La distinction de la flexion nominale et de la flexion verbale, sur laquelle repose le système grammatical indo-européen, a été ainsi abolie.

CHAPITRE II

LES ALTERNANCES VOCALIQUES

Les alternances vocaliques, qui étaient un des procédés couramment employés par la morphologie indo-européenne, concernaient seulement les deux voyelles essentielles de l'indo-européen, *e et *o; elles étaient du type :

$$\breve{e} \quad \bar{e} \quad \breve{o} \quad \bar{o} \quad \text{zéro.}$$

Un même élément radical pouvait donc apparaître sous les formes : *pet-, *pēt-, *pot-, *pōt-, *pt-*; un même élément suffixal sous les formes -ter-, -tēr-, -tor-, -tōr-, -tr- (-tr̥-, -tᵒr-), par exemple. Un verbe grec apparaît ainsi avec son radical sous trois formes : leip-ō « je laisse » (au présent), lé-loip-a « j'ai laissé » (au parfait), é-lip-on « j'ai laissé » (à l'aoriste). On a en grec au nominatif singulier patḗr « père », à l'accusatif patéra, au génitif patrós, au datif pluriel patrási (de *patr̥si); etc. Il résulte de là que, en indo-européen, les voyelles ne caractérisaient jamais ni une racine, ni un suffixe; dans tous les éléments morphologiques, il n'y avait au fond qu'une seule et même voyelle proprement dite, qui apparaissait sous la forme *e*, *ē*, *ŏ*, *ō*, ou zéro, suivant le type de formation des mots et suivant les formes grammaticales. Seules les consonnes proprement dites et les sonantes (consonnes, voyelles ou seconds éléments de diphtongues) étaient propres aux racines et aux suffixes; les voyelles n'étaient que des outils grammaticaux comme les suffixes ou les désinences.

La rigueur de ce principe est tempérée par certains faits qui n'y entrent pas, ou qui s'en écartent au moins en apparence. La voyelle *ă ne figure dans aucune alternance : une racine comme celle de skr. *ájāmi* « je conduis », gr. *ágō*, lat. *agō*, arm. *acem* et v. isl. *aka* « conduire » échappe donc à toute alternance; l'*ē* du parfait lat. *ēgī*, l'*ō* du prétérit v. isl. *ōk* sont des particularités propres à une seule langue, et il n'y a pas concordance entre l'*ē* latin et l'*ō* scandinave. — Les alternances des types *ē*, *ō*, *ə*, ou *ā*, *ə*, ou *ō*, *ə* rentrent sans doute au fond dans le type général; mais, telles que les choses se présentent en indo-européen, elles sont à part; elles sont du reste parallèles aux alternances du type général.

En germanique, les alternances vocaliques n'ont subsisté clairement que dans les syllabes radicales. Dans les autres parties du mot, il en reste de nombreuses traces dont on verra des exemples au cours de l'étude de la flexion. Mais ce ne sont plus de véritables alternances, sensibles en germanique.

Même dans la syllabe radicale, les alternances ont perdu l'unité qu'elles avaient en indo-européen ; et les altérations des voyelles proprement dites et des sonantes leur ont donné un aspect nouveau.

Entre deux consonnes proprement dites, ou, à l'initiale, devant consonne proprement dite, l'ancienne alternance s'est exactement maintenue sous la forme germanique :

$$e/i \quad \bar{e} \quad a \quad \bar{o} \quad \text{(zéro)}.$$

Le degré zéro n'est représenté que dans des cas isolés, parce qu'il entraine des accumulations de consonnes. L'alternance e/i, $\bar{e}$, a est usuelle dans les verbes forts. C'est le type :

got.   *giban*   *gaf*   *gebun*
     « donner » « il a donné » « ils ont donné »

v. h. a. { *gibu* « je donne »
       { *gebant*   *gab*   *gābun*
       { « ils donnent »

On remarquera comment une alternance de création germanique e/i s'ajoute en nordique et en germanique occidental aux alternances héritées de l'indo-européen.

L'alternance $\bar{o}/a$ existe là où le présent a le vocalisme radical *a* (ancien *o* ou ancien *a*), par exemple got. *graban* « creuser », prétérit *grof* « il a creusé » ; v. h. a. *graban, gruob.* Ce n'est que par exception que l'alternance germanique *ō/a* repose sur une alternance indo-européenne *ā/ə* (ou *ō/ə*) ; on en a un exemple sûr dans le prétérit got. *stoþ* « il s'est tenu debout » de *standan,* en face de lat. *stāre* « se tenir debout », *status* et skr. *á-sthā-t* « il s'est tenu debout », *sthi-táḥ* « debout ».

Dès qu'intervient une sonante les choses se compliquent.

L'alternance :

$$ei \qquad oi \qquad i$$

à laquelle se limite tout le système quand une consonne proprement dite suit *i,* devient en germanique :

$$\bar{\imath} \qquad ai \qquad e/i$$

ainsi :

got.	*beitan*	*bait*	*bitun*
	« mordre »	« il a mordu »	« ils ont mordu »
v. h. a.	*bīʒʒan*	*beiʒ*	*biʒʒun*

Au participe passé passif, on a par analogie v. h. a. *gi-bizzan* avec *i* au lieu de l'*e* attendu. En face de v. h. a. *stīgan* « monter », *steig, stigun,* l'*e* apparaît dans le substantif v. h. a. *steg* « sentier » en face de v. isl. *stigr.*

De même, devant consonne proprement dite, on
avait

$$eu \qquad ou \qquad u$$

Ceci est représenté en germanique par :

$$iu/io \qquad au \qquad u/o$$

le gotique ne connaissant naturellement que *iu*, *au*
(diphtongue) et *u* (*au* notation de *o* bref, devant *h*
et *r*) :

got.   *biudan*   *bauþ*   *budun*
   « j'ordonne » « il a ordonné » « ils ont ordonné »
v. h. a. *biotan*   *bōt*   *butun*
  (1ʳᵉ pers. prés. *biutu*)   (part. passé pass.
                               gi-botan).

(*au* devient *ō* en vieux haut allemand devant dentale).

Quand les sonantes *r*, *l*, *n*, *m* précèdent une consonne proprement dite, on a des traitements parallèles, du type indo-européen :

$$er \qquad or \qquad r$$

ce qui donne en germanique :

$$er/ir \qquad ar \qquad ur/or$$
$$el/il \qquad al \qquad ul/ol$$
$$in \qquad an \qquad un$$
$$im \qquad am \qquad um$$

ainsi :

got.	*wairþan*	*warþ*	*waurþun*
	« devenir »	« il est devenu »	« ils sont deve- nus »
v. h. a.	*werdan*	*ward*	*wurtun*
	(1re pers. sg. *wirdu*)		(partic. passé pass. *wortan*)
v. isl.	*verða*	*varð*	

got.	*hilpan*	*halp*	*hulpun*
	« aider »	« il a aidé »	« ils ont aidé »
v. h. a.	*helfan*	*half*	*hulfun*
	(1re pers. sg. *hilfu*)		(partic. passé pass. *gi-holfan*)

got.	*bindan*	*band*	*bundun*
	« lier »	« il a lié »	« ils ont lié »
v. isl.	*binda*	*batt*	*bundu*
v. h. a	*bintan*	*bant*	*buntun*
			(partic. passé pass. *gi-buntan*).

Quand une des sonantes *r, l, n, m* précède une
voyelle, les faits sont plus compliqués. L'alternance
se présente en indo-européen sous la forme :

er	*ēr*	*or*	*ōr*	*°r* (*r̥*)

ce qui donne en germanique :

er/ir	*ēr*	*ar*	*ōr*	*ur/or*
el/il	*ēl*	*al*	*ōl*	*ul/ol*
en/in	*ēn*	*an*	*ōn*	*un/on*
em/im	*ēm*	*am*	*ōm*	*um/om.*

Dans les verbes dont le présent a le vocalisme radical *e* ancien, on trouve représentés les degrés *er/ir*, *ĕr, ar, ur/or*; ainsi :

got.	*bairan*	*bar*	*berun*	*baurans*
	« porter »	« il a porté »	« ils ont porté »	« porté »
v. isl.	*bera*	*bar*	*bǫro*	*borenn*
v. h. a.	*beran*	*bar*	*bōrun*	*gi-boran*
	(1ʳᵉ pers. sg. *biru*)			

got.	*stilan*	*stal*	*stelun*	*stulans*
	« voler »	« il a volé »	« ils ont volé »	« volé »
v. h. a.	*stelan*	*stal*	*stālun*	*gi-stolan*
	(1ʳᵉ pers. sg. *stilu*)			

got.	*niman*	*nam*	*nemun*	*numans*
	« prendre »	« il a pris »	« ils ont pris »	« pris »
v. isl.	*nema*	*nam*	*nǫmo*	*numenn*
				(et *nomenn*)
v. h. a.	*neman*	*nam*	*nāmun*	*gi-noman*
	(1ʳᵉ pers. sg. *nimu*).			

Les verbes dont le présent a le vocalisme radical en -*a*- représentant un ancien -*o*- n'offrent d'autre alternance que l'ancienne alternance quantitative *ŏ/ō*, c'est-à-dire en germanique *a/ō*, par exemple, got. *faran* « conduire un véhicule », prétérit *fōr* « j'ai, il a conduit »; v. isl. *fara, fōr*; v. h. a. *faran, fuor*.

De l'alternance indo-européenne *ē, ō, ə*, il ne subsiste en germanique que des traces isolées, dont l'une

des plus curieuses est : got. *letan* « laisser, prêter »
(prétérit à redoublement *lailot* « j'ai, il a laissé »),
à côté de l'adjectif got. *lats* « lâche », v. isl. *latr*,
v. h. a. *laz*, où *a* repose sur i.-e. *ə*.

Les exemples qui précèdent ont été empruntés
systématiquement aux verbes « forts ». Mais, en tant
que les mêmes éléments radicaux figurent dans des formations nominales, ils y apparaissent nécessairement
avec un vocalisme qui représente l'un des types d'alternances. On en a vu, incidemment, un ou deux
exemples. En voici quelques autres : à côté de got.
ga-timan « convenir », v. sax. *teman*, v. h. a. *zeman*
(1ʳᵉ pers. sg. *zimu*), et de got. *ga-tamjan* « appri-
voiser », v. isl. *temia*, v. h. a. *zemmen* (cf. lat. *domāre*
« dompter »), on a l'adjectif v. isl. *tamr*, v. h. a.
zam « apprivoisé ». A côté de got. *bairan* « porter »,
v. h. a. *beran* (all. mod. *ge-bāren* « enfanter »), etc.,
on a got. *ga-baurþs*, v. isl. *burðr*, v. h. a. *gi-burt*
« naissance » ; on notera ici le type *r* devant consonne, qui ne figure pas dans les formes du verbe
« fort » correspondant. A côté de got. *kann* « il comprend », v. isl. *kann*, v. h. a. *kan*, on a v. h. a.
kuoni « hardi », v. angl. *cēne* (*ē* représentant *ō* devant
i ancien de la syllabe suivante), v. isl. *kœnn* « sage,
expérimenté ». Les formes nominales de ce genre
sont très nombreuses ; mais elles ne constituent pas
un système, comme le verbe « fort ». Le sentiment
des alternances tend donc à s'y effacer, et même le

sentiment de la parenté des mots du groupe. Presque tout ce qui subsiste en germanique du sentiment des anciennes alternances vocaliques tient au type des verbes « forts ».

Le maintien partiel des alternances vocaliques est un archaïsme du germanique. Mais, par suite des changements survenus dans les voyelles et les sonantes, le germanique offre plusieurs types distincts plus ou moins parallèles d'alternances, là où l'indo-européen n'avait qu'un seul type. Et ceci suffit à changer tout le caractère du système. D'autre part, les alternances *e/i* et *u/o* qui apparaissent en germanique occidental et en nordique et qui sont de création germanique, apportent au système une complication nouvelle.

CHAPITRE III

CHANGEMENT DU TYPE GRAMMATICAL

Aucune langue indo-européenne connue à date aussi basse que le germanique n'a fidèlement conservé le type grammatical de l'indo-européen commun. Même le sanskrit védique, l'iranien des gāthās de l'Avesta ou le grec homérique n'en donnent déjà qu'une idée affaiblie. Le germanique, troublé par l'intensité des initiales et l'affaiblissement des finales, a transformé un système grammatical aussi délicat, aussi extraordinairement compliqué que l'était celui de l'indo-européen.

Toutefois, le germanique commun, qui a encore peu subi l'effet de l'altération des finales, offre une flexion d'aspect relativement archaïque. Cet archaïsme, encore très sensible en vieux norrois runique et en gotique, diminue rapidement avec le temps. Aucun dialecte germanique occidental n'est connu sous une forme archaïque, encore voisine du type germanique commun.

Le trait essentiel du système indo-européen consiste en ceci que le mot n'y existe jamais sans une caractéristique grammaticale particulière. En français, il y a un mot « maison »; en indo-européen, il y avait une forme du nominatif singulier, gr. *dómos* « maison », skr. *dámaḥ*; une forme de l'accusatif singulier, gr. *dómon*, skr. *dámam*; une forme de l'accusatif pluriel, gr. *dómous*, skr. *dámān*; etc.; rien ne signifiait « maison », sans une caractéristique grammaticale. De même il y avait un nominatif singulier, gr. *patḗr*, lat. *pater*, skr. *pitā́*; un datif singulier, gr. *patrí*, lat. *patrī*, skr. *pitré*; etc.; il n'y avait nulle part une forme signifiant simplement « père ». — On nomme « thème » l'élément qui porte le sens du mot et auquel s'ajoutent les désinences qui marquent le nombre, le cas pour le nom, la personne pour le verbe, etc. Mais les thèmes n'existent pas isolément; ils n'apparaissent qu'avec des formes particulières de la flexion; des « thèmes » comme *dómo-* ou *patér-* ne sont pas des « mots » comme fr. *maison* ou *père*; et d'ailleurs leur vocalisme varie suivant les formes; ainsi, il n'y a pas *domo-*, mais *dómo-* ou *dome-*; il n'y a pas *patér-*, mais *patér-*, *patér-*, *patr-* (*patr̥-*), etc.

De là vient qu'on reconnaît toujours, et du premier coup, à la seule inspection de la forme, si un mot indo-européen donné est nom ou verbe. Les formes du nom sont, en effet, tout à fait distinctes de celles du verbe. La langue germanique qui présente le développement le plus avancé, l'anglais, ne distingue, au contraire, presque plus, extérieurement, le nom du verbe, et, comme on l'a déjà noté, un mot tel que *love* signifie à la fois « amour » et « aimer » suivant les petits mots qui y sont joints et suivant la façon dont il est employé dans la phrase.

Dès les plus anciens monuments qu'on a du germanique, la flexion est simplifiée.

Des catégories entières sont tombées, comme dans les autres langues indo-européennes.

Ainsi le nombre duel est remplacé par le pluriel dans la flexion nominale, et le duel ne demeure distinct du pluriel que dans les formes verbales et les pronoms personnels, en vieux norrois runique et en gotique. Ces restes d'emploi du duel s'éliminent à leur tour, et ni le vieil islandais ni les dialectes germaniques occidentaux n'ont plus de formes du duel dans le verbe. Il n'a subsisté de traces du duel en germanique occidental ancien que dans le pronom personnel. Enfin la catégorie du duel s'élimine absolument.

De même, dans le verbe, il y avait en indo-européen deux modes opposés à l'indicatif, à savoir le subjonctif et l'optatif; le germanique en garde seulement un, qu'on nomme subjonctif et qui repose surtout sur l'optatif indo-européen.

Dans le verbe, la distinction du parfait et de

l'aoriste s'élimine. Dans le nom, le nombre des formes casuelles se réduit.

Il n'y a dans tout cela rien de propre au germanique; de pareils faits ont eu lieu sur tout le domaine indo-européen. On peut même dire que le germanique a été longtemps conservateur en morphologie. Par exemple, il avait des restes importants du duel en un temps où ni le grec, ni le latin, ni les langues de l'Inde, ni le perse n'en avaient plus aucun; et ceci n'est pas surprenant; car la disparition du duel est un fait de civilisation. La flexion casuelle du germanique au IV siècle ap. J.-C. n'est pas moins riche que celle du grec homérique; elle l'est même plus à plusieurs égards; ainsi la flexion du démonstratif est restée distincte de celle du substantif. C'est la ruine phonétique des finales qui a précipité la simplification de la flexion.

Ce qui donnait à la flexion indo-européenne un aspect particulièrement touffu, c'est que les caractéristiques des catégories grammaticales variaient suivant les nombres et suivant les thèmes. Un génitif par exemple n'est pas indiqué par la même désinence au singulier, au pluriel et au duel. Et, d'autre part, le génitif n'est pas exprimé de la même manière, au singulier, dans un thème en *-o-* comme celui de skr. *vŕkasya* « du loup », homérique *lýkoio*, ou dans un thème en *-u-*, comme celui de skr. *sūnóḥ* « du fils », lituanien *sūnaũs*, ou dans un thème terminé par consonne, comme celui de skr. *padáḥ* « du pied », gr. *podós*. Cette variété de formes pour une seule et même catégorie grammaticale est l'un des traits originaux de l'indo-européen.

Comme toutes les langues indo-européennes, le germanique a gardé des caractéristiques distinctes pour les mêmes catégories au singulier et au pluriel. Mais, de même aussi que les autres langues du groupe, il a tendu à restreindre la variété des flexions des divers types de mots. Les types les plus rares sont rapprochés des types les plus usuels dont ils adoptent les caractéristiques. Par exemple, les thèmes masculins en *-i-* tendent à recevoir les formes des thèmes en *-a-* (type indo-européen en *-o-*).

De cette manière, le germanique a simplifié la flexion dans le même sens que les autres langues indo-européennes.

Il y avait en indo-européen deux types principaux de flexion, l'un où les thèmes se terminaient par une voyelle *e/o*, l'autre où les thèmes se terminaient par un élément consonantique, comme *-d-* ou *-s-*, ou sonantique, comme *-y-(-i-)*, *-r-(ṛ-)*, etc. Le germanique, comme la plupart des langues, a tendu à généraliser le type terminé par voyelle, dit type *thématique,* aux dépens de l'autre type, dit *athématique.* Dans les verbes, au présent, la 1ʳᵉ personne du singulier du type thématique était en **-ō*, ainsi gr. *phérō* « je porte », tandis que celle du type athématique était en **-mi,* ainsi skr. *asmi* « je suis », gr. *eimi* (de **esmi*). Le type en **-mi* a tendu à s'éliminer, et le présent *im* « je suis » est la seule forme qui subsiste dans tout l'ensemble des dialectes germaniques d'un type dont l'importance balançait, en indo-européen, celle du type thématique.

Dans les noms, la flexion athématique s'est mieux maintenue que dans les verbes. Le type de thèmes terminés par *-n-* a même pris une grande importance et a fourni ce qu'on appelle la flexion « faible », qui est l'un des types normaux et productifs du germanique.

Quelques détails montrent que des thèmes nominaux même terminés par une occlusive ont gardé leur caractère ancien jusqu'en germanique commun. Soit par exemple le nom de la « dent », qui est en sanskrit nom. sg. *dán*, acc. sg. *dántam*, gén. sg. *datáḥ*; le germanique a eu une flexion à alternances vocaliques de la syllabe qui précède la désinence, tout comme le sanskrit, soit acc. sg. **tanþu(n)*, de **dónt-ṇ*, cf. skr. *dántam*, gr. *(o)dónta*, et gén. sg. **tunþiz*, de **dṇt-és*, cf. skr. *datáḥ*, lat. *dentis*; puis les dialectes germaniques ont normalisé le vocalisme radical; le gotique a généralisé *un*, et l'accusatif *tunþu*, ainsi obtenu, a entraîné le passage du thème à la flexion en *-u-*, d'où génitif *tunþaus*, etc., tandis que le germanique occidental et le nordique ont généralisé *an*, d'où : acc. sg. v. isl. *tǫnn*, v. angl. *tōð*, v. h. a. *zan(t)*, et gén. sg. v. isl. *tannar*, v. angl. *tēðes*, v.

h. a. *zandes*. L'ancien nominatif pluriel **dónt-es* (skr. *dántaḥ*, gr. [o]*dóntes*) est conservé dans v. isl. *teðr* (et *tennr*), v. angl. *tēđ* (angl. *teeth*, à côté du singulier *tooth*). Les effets des variations de place du ton attestées par skr. *dántam, datáḥ* ne sont plus sensibles en germanique; le **þ* conservé phonétiquement dans les formes où le ton était sur la syllabe initiale, a été généralisé; nulle part, il n'y a trace du **d* que, d'après la « loi de Verner », on attendrait au génitif **tunþiz*, qui devrait être phonétiquement **tundiz*. — L'opposition entre les formes gotiques et celles des autres dialectes montre que le type athématique, avec ses alternances, s'est conservé jusqu'en germanique commun pour ce mot, et sans doute pour plus d'un autre. Il y en a diverses autres traces dans les langues germaniques.

Mais, dans l'ensemble, le type thématique a prévalu.

Dans le type athématique, la partie radicale du mot, qu'on appelle thème, et les désinences sont nettement distinctes, ainsi acc. sg. skr. *dánt-am*, gr. (o)*dónta*, lat. *dent-em*, germ. commun **tanþ-u(n)*, et gén. sg. skr. *dat-áḥ*, gr. (o)*dónt-os*, lat. *dent-is*, germ. commun **tanþ-iz* (remplaçant **tund-iz*).

Dans le type thématique, au contraire, le thème et les désinences sont souvent fondus, et les deux éléments ne sont plus discernables; il n'y a pas moyen de séparer le thème et la désinence dans un datif singulier du type thématique, tel que avestique *vəkrkāi* « au loup », lit. *vilkui*, gr. *lýkōi*, lat. *lupō*, par exemple. Là même où le thème et la désinence se laisseraient isoler sur le papier, comme dans l'accusatif singulier, skr. *vŕka-m* « loup », gr. *lýko-n*, lat. *lupu-m*, les deux éléments sont si unis dans la prononciation qu'ils forment une seule finale. Une flexion thématique du germanique commun telle que celle de : nom. sg. **armaz* « bras », acc. sg. **arma(n)*, gén. sg. **armes(a)* (bientôt réduit à **armes*), etc. tend donc à se couper **arm-az*, **arm-a(n)*, **arm-es*, etc., et le germanique tend à séparer un radical *arm-*, qui exprime l'idée, de « bras », et des finales **-az*, **-a(n)*, **-es*, etc., qui marquent la flexion du mot.

Du type thématique, cette conception des formes s'est étendue au type athématique. Ainsi les finales des thèmes en **-u-*, qui étaient, au point de vue indo-européen, athématiques, et qui étaient coupées **-u-s*, **-u-n*, **-ou-s*, ont été conçues comme des finales parallèles à celles du type thématique, et l'on a coupé : nom. sg. **sun-uz* « fils », acc. sg. **sun-u(n)*, gén. sg. **sun-auz*, etc. Mais, dès lors, sur un accusatif singulier tel que germ. comm. **fōt-u(n)* « pied », qui est du même type que skr. *pắd-am*, gr. *pód-a*, lat. *ped-em*, on a fait toute une flexion nom. sg. **fōt-uz*, gén. sg. **fōt-auz*, qui est celle de got. *fotus, fotu, fotaus*, par exemple. Ces créations analogiques montrent quel changement s'est opéré dans la conception des formes. La finale de l'accusatif got. *fotu* répond phonétiquement à celle du gr. *póda* ou du lat. *pedem*; mais, au point de vue grammatical, elle était conçue autrement par le sujet parlant.

Les finales se sont abrégées et altérées. Ainsi, en gotique, on voit la flexion **armaz*, **arma(n)*, **armes* représentée par *arms*, *arm*, *armis*; le germanique occidental, où le **-z* final disparaît, est plus caractéristique encore : nom.-acc. sg. *arm*, gén. sg. *armes*. Tout sentiment de la voyelle qui terminait le thème disparaît alors. Il se constitue, d'une part, un mot *arm* « bras », qui existe isolément, qui, sans aucune désinence, sert de nominatif-accusatif singulier et qui porte l'accent, de l'autre des finales caractéristiques des cas, finales prononcées d'une manière de moins en moins nette, et qui tendent à disparaître.

Ainsi, un changement complet dans la manière de concevoir les formes s'est amorcé en germanique commun et a abouti au cours de l'histoire propre des divers dialectes germaniques. Là même où elles représentent exactement d'anciennes formes indo-européennes, les formes germaniques sont donc en réalité tout autre chose, dès les plus anciens textes. Le mot indo-européen était toujours en même temps une forme grammaticale, constituée par l'union d'un thème et d'une désinence. Il réalise, pour ainsi dire, la notion exprimée en la munissant d'indications de nombre et de genre et de cas ou de personne, de voix, etc., qui en font un tout se suffisant à lui-même. En germanique, au contraire, il tend à se créer un mot indépendant de toute forme grammaticale. La finale devient un accessoire, dont le rôle, très grand encore en germanique commun, perd progressivement son importance; peu à peu elle disparaît. Si quelque texte livrait au linguiste le germanique commun, on croirait sans doute y voir encore un type grammatical semblable au type indo-européen dans les traits généraux. Ce serait une illusion: déjà le germanique commun présentait au fond des traits qui devaient conduire à un type morphologique nouveau. Il y a là une révolution aussi profonde, moins apparente seulement au premier coup d'œil, que celles qu'on a vues dans la phonétique.

Pareille tendance s'observe de bonne heure en celtique. Dès les plus anciens textes, la flexion casuelle était entièrement abolie en brittonique.

CHAPITRE IV

LE VERBE

A. Généralités.

Le verbe indo-européen avait une structure bien différente de celle qu'a le verbe dans la plupart des langues attestées du groupe, même dans celles dont il subsiste les textes les plus anciens.

Si l'on examine un verbe latin, on voit qu'il se compose de deux groupes de formes personnelles, groupe de l'infectum, ainsi *dīcō* « je dis », *amō* « j'aime », et groupe du perfectum, *dīxī* « j'ai dit », *amāuī* « j'ai aimé »; il y faut ajouter une forme nominale, le participe, *dictus* « dit », *amātus* « aimé ». L'ensemble de ces trois groupes et de toutes les formes qui s'y rattachent constitue ce que l'on appelle la « conjugaison » d'un verbe latin. Tous les verbes offrent ces deux mêmes groupes, avec les mêmes oppositions de sens et avec des formations analogues, d'une part, le groupe de *dīcō* « je dis », *dīcam* « je dirai » (*dīcēs* « tu diras »), *dīcēbam* « je disais » ou de *amō* « j'aime », *amābō* « j'aimerai », *amābam*, et, de l'autre, le groupe de *dīxī* « j'ai dit », *dīxerō* « j'aurai dit », *dīxeram* « j'avais dit » ou *amāuī* « j'ai aimé », *amāuerō* « j'aurai aimé », *amāueram* « j'avais aimé ». La conjugaison d'un verbe latin est ainsi quelque chose de rigidement déterminé pour le sens comme pour la forme.

Si, au contraire, on examine un groupe verbal indo-iranien, on voit que, de chaque racine, apparaissent des formations multiples, toutes indépendantes les unes des autres, et dont aucune ne permet de prévoir au juste ce que sera telle ou telle autre. Les formations de présent sont d'une extrême variété : skr. *ásti* « il est », *dádāti* « il donne », *bhinátti* « il fend », *vindáti* « il trouve », *pṛṇáti* « il emplit », *stṛṇóti* « il étend », *bhárati* « il porte », *tudáti* « il heurte », *páçyati* « il voit », *pṛcchati* « il interroge », *mṛṇáti* « il broie » fournissent des exemples chacun d'un type distinct, et l'on n'a tenu compte ni des intensifs comme *nénekti* « il lave », ni des désidératifs comme *nínitsati* « il veut outrager ». Une même racine peut d'ailleurs fournir plusieurs présents; ainsi le sanskrit a à la fois *bhárati* et *bíbharti* « il porte », le grec à la fois *ménō* et *mímnō* « je reste », le latin à la fois *stō* « je me tiens debout » et *sistō* « je m'arrête »; etc. Aucune forme de présent ne permet de prévoir s'il existe un aoriste ou un parfait, ni quelle est la forme de cet aoriste. Par suite, les verbes tirés de noms au moyen d'un suffixe de dérivation ne comportent jamais qu'un seul thème, qui est un thème de présent. Par exemple un présent sanskrit dérivé d'un mot signifiant « maître » (cf. skr. *páti*ḥ « maître »), *pátyate* « il est maître de » (à rapprocher du lat. *potītur* « il s'empare de »), n'est accompagné ni d'un aoriste, ni d'un parfait, ni d'un futur ; on n'a que le présent skr. *pátyate*.

La comparaison des autres langues, et, en particulier, du grec homérique, montre que le verbe indo-iranien ancien représente fidèlement le type indo-européen dans ses traits généraux. Il y a une conjugaison en grec ancien, et, sous des formes plus simples, en latin, en irlandais, en lituanien, en slave, en arménien, etc. Mais les particularités de structure de la conjugaison varient d'une langue à l'autre ; la conjugaison s'est fixée indépendamment dans chaque langue indo-européenne. On ne peut donc expliquer la conjugaison d'une langue en la rapprochant de celle d'une autre langue du groupe ; il faut toujours se reporter au type du verbe indo-européen, avec des thèmes strictement autonomes, rattachés directement à la racine verbale, ou avec un thème unique, s'il s'agit d'un verbe dérivé.

La conjugaison germanique est l'une de celles dont le type est le plus arrêté. Elle est simple, et ses formes présentent un rigoureux parallélisme. Comme dans la conjugaison latine, chaque verbe a deux thèmes et un participe passé à valeur intransitive ou passive; verbes radicaux et verbes dérivés ont également leurs deux thèmes et leur participe; ainsi en gotique le verbe radical *binda* « je lie » — *band* « j'ai lié, il a lié » et *bundun* « ils ont lié » — *bundans* « lié » — et le verbe dérivé *salbo* « j'oins » — *salboda* « j'ai oint, il a oint » — *salboþs* « oint ». Qui connaît ces trois formes d'un verbe germanique sait conjuger tout le verbe, exactement comme on peut conjuguer tout le verbe « dire » du latin quand on connaît *dīcō* (*dīcis*) — *dīxī* — *dictus*. Cette structure du verbe a son équivalent dans plusieurs autres langues du groupe indo-européen; mais elle représente quelque chose de nouveau par rapport au type indo-européen commun.

La nouveauté du type germanique ne porte pas seulement sur la forme; il y a aussi nouveauté de sens.

Les thèmes des verbes indo-européens n'exprimaient pas le temps, mais l'aspect sous lequel l'action est considérée. Un présent grec comme *leipō* signifie « je suis en train de laisser », et un parfait grec comme *léloipa* « j'ai accompli l'action de laisser, et j'en ai en mains le résultat »; un imparfait comme *éleipon* (qui appartient au groupe du « présent ») signifie « j'étais, ou j'ai été en train de laisser », tandis qu'un aoriste comme *élipon* indique purement et simplement le fait historique : « j'ai laissé » ; le futur *leipsō* signifiait à l'origine « je veux laisser » : c'est un ancien désidératif. La notion du passé s'exprimait en indo-européen et encore, non par la forme du thème, mais par la forme des désinences : ainsi, dans le grec d'Homère, *leípō* signifie « je laisse », *leípon* « je laissais ».

En germanique, au contraire, les thèmes verbaux expriment l'opposition du présent et du passé : got. *binda* signifie « je lie », et *band* « j'ai lié » ; *salbo* « j'oins » et *salboda* « j'ai oint » ; et ainsi toujours. La différence de flexion ne fait que s'ajouter à la différence de forme du thème.

En grec, un optatif aoriste comme *lípoi* « il peut laisser » n'a pas plus valeur de prétérit qu'un optatif présent comme *leípoi* « il peut laisser » ; le premier exprime le procès pur et simple, le second le procès qui dure ; mais il n'y a entre les deux aucune différence de nuance temporelle. En germanique, au contraire, un subjonctif (ancien optatif) got. *bundi* « qu'il ait lié » a valeur de prétérit par opposition au subjonctif (ancien optatif) got. *bindai* « qu'il lie ».

La mise du temps au premier rang des notions qu'expriment les thèmes verbaux est une nouveauté qui caractérise le germanique, le celtique et l'italique.

A la différence du latin, où, à l'intérieur de chaque thème principal du verbe, il y a opposition de trois temps : présent, passé, futur, où il y a, par exemple, dans le groupe de l' « infectum », *dīcō* « je dis », *dīcēbam* « je disais », et *dīcam* « je dirai », et, dans le groupe du « perfectum », *dīxī* « j'ai dit », *dīxeram* « j'avais dit » et *dīxerō* « j'aurai dit », le germanique ignore toute expression du futur. Et, au cours de leur développement, les langues germaniques ne sont jamais parvenues à se donner un futur net. L'expression du temps est restée limitée à l'opposition du présent (dont les formes rendent aussi le futur) et du passé.

Le thème du présent germanique étant affecté au temps, l'usage indo-européen d'avoir un prétérit exprimant une action qui a duré dans le passé à côté du présent exprimant une action qui se développe dans le présent, ainsi grec *éleipon* « je laissais », à côté de *leípō* « je laisse », a été éliminé. Le germanique ne connaît rien de pareil à l'imparfait grec ou sanskrit, ou à l'imparfait latin, qui du reste est une forme nouvelle.

En indo-européen, où le thème verbal exprimait l'aspect sous lequel l'action est envisagée, chaque thème avait un impératif; ainsi le grec oppose l'impératif présent *leípe* « sois en train de laisser », à l'impératif aoriste *lipe* « laisse » (purement et simplement). En germanique, seul l'impératif présent subsiste; il y a donc un impératif got. *bind* « lie », *salbo* « oins » en face des présents *binda* « je lie », *salbo* « j'oins ». En regard des prétérits *band* « j'ai lié » et *salboda* « j'ai oint », il ne saurait y avoir d'impératif.

Dans une langue comme l'indo-européen où le mot existe seulement avec une forme grammaticale particulière, un infinitif qui sert à indiquer l'idée générale du verbe, indépendamment de toute catégorie grammaticale, n'avait guère de place. Mais, avec le changement de type, un infinitif s'est constitué en germanique, comme dans la plupart des langues. Et, comme le présent n'exprimait plus un aspect particulier du procès, l'infinitif a pu être rattaché au groupe du présent. Il a donc été créé des infinitifs, appartenant pour la forme au groupe du présent, mais qui au fond ne sont ni présents ni passés, et qui expriment l'idée générale du verbe : got. *bindan* « lier », *salbon* « oindre ».

Le germanique a encore simplifié le système verbal en éliminant l'opposition des désinences actives et des désinences moyennes. Suivant le rapport de l'action exprimée avec le sujet, on employait en indo-européen les désinences actives ou les désinences moyennes : l'actif gr. *leípō* signifie « je laisse », le moyen gr. *leípomai* « je laisse pour moi » ou « je suis laissé ». Le germanique a connu cette opposition ; le gotique l'emploie encore au présent, où les anciennes désinences moyennes expriment le passif : *bairiþ*, qui répond à skr. *bhárati* « il porte », a ce même sens ;

bairada, qui est à rapprocher de skr. *bhárate*, gr. *phéretai* « il porte pour lui » et « il est porté », signifie « il est porté ». Les autres dialectes germaniques ont perdu la flexion moyenne du présent. Au prétérit, le gotique même ignore les désinences moyennes.

L'indo-européen avait un système complet de participes ; chaque thème verbal comportait son participe, c'est-à-dire une forme bâtie sur ce thème, mais munie de la flexion casuelle, et qui était par suite à la fois verbale, avec la rection verbale, et nominale, à valeur adjective. Comme l'indo-européen avait un double jeu de désinences, suivant le sens, il y avait aussi deux participes pour chaque thème, l'un actif, l'autre moyen ; ainsi on a en grec, à côté de *leípō* « je laisse », le participe *leípōn* « laissant » (acc. sg. *leíponta*), et à côté de *leípomai* « je laisse pour moi, je suis laissé », le participe *leipómenos* « laissant pour soi, étant laissé » ; à côté de *léloipa* « j'ai laissé », *leloipōs* « ayant laissé », et à côté de *léleimmai* « j'ai été laissé », *leleimménos* « ayant été laissé » ; etc. De tout ce système si riche et si complet, le germanique n'a gardé que le participe présent actif, type got. *bindands* « liant », *salbonds* « oignant », etc. Les quelques participes parfaits actifs qui ont subsisté en gotique sont devenus des substantifs : *weitwōps* « témoin » (littéralement « qui sait ») est un ancien participe parfait qui répond à gr. *weidōs* « sachant ».

Ceci montre que le participe parfait s'est perpétué jusqu'en germanique commun.

En revanche, les adjectifs en *-to- et en *-no- qui, en indo-européen, étaient soit radicaux, soit dérivés de noms, ont fourni au germanique et au celtique comme au latin une grande catégorie de participes intransitifs ou passifs. Le latin a, à côté de -pleō, -plēre, « emplir », à la fois -plētus « empli » et plēnus « plein »; et le type en -tus a été incorporé au verbe : lat. dictus « dit » est l'un des éléments constituants de la conjugaison de dīcō « je dis ». Le germanique, de même, a incorporé ces adjectifs aux verbes, et l'on a ainsi got. bundans « lié », salboþs « oint ».

Ainsi s'est constituée la conjugaison du germanique commun. Chaque verbe comprend normalement trois groupes de formes :

1° Groupe du présent : indicatif présent; subjonctif présent; impératif; participe présent; infinitif (l'impératif et l'infinitif n'ayant pas proprement la valeur de présent).

2° Groupe du prétérit : indicatif prétérit; subjonctif prétérit.

3° Participe passé intransitif ou passif.

Les exemples suivants, tous gotiques, cités à la 3ᵉ personne du singulier pour les formes personnelles autres que l'impératif, montrent le système :

Verbe niman « prendre » :

1° Groupe du présent : nimiþ « il prend », nimai

« qu'il prenne », *nim* « prend », *nimands* « prenant », *niman* « prendre ».

2° Groupe du prétérit : *nam* « il a pris » (3ᵉ plur. *nemun*), *nemi* « qu'il ait pris ».

3° Participe passé passif : *numans* « pris ».

Verbe *sokjan* « chercher » :

1° Groupe du présent : *sokeiþ* « il cherche », *sokjai* « qu'il cherche », *sokei* « cherche », *sokjands* « cherchant », *sokjan* « chercher ».

2° Groupe du prétérit : *sokida* « il a cherché », *sokidedi* « qu'il ait cherché ».

3° Participe passé passif : *sokiþs* « cherché ».

Le participe passé passif a pris un rôle considérable : joint au verbe « être », il sert à rendre le prétérit passif. Ainsi, en gotique, où le passif est encore rendu au présent par les anciennes formes moyennes conservées, le prétérit passif est rendu par le participe avec auxiliaire ; par exemple gr. *errḗthē* « il a été dit » est traduit par *qiþan ist*. Ce procédé se retrouve dans toutes les autres langues germaniques ; outre le verbe « être », on a aussi recouru à des combinaisons avec le verbe signifiant « devenir », v. isl. *verđa*, v. h. a. *werdan*.

Un procédé très important, non encore utilisé par le gotique, et qui a été dû sans doute, au début, à l'imitation de modèles latins vulgaires, est celui qui consiste à unir le participe au verbe « avoir ». En un temps où les termes d'une locution telle que lat. *ego habeo aliquem amatum* « j'ai quelqu'un que j'aime » (littéralement « j'ai quelqu'un aimé ») étaient encore sentis séparément, ce tour très expressif a pu être calqué par ceux des Germains qui savaient le latin et reproduit dans le monde germanique. On trouve déjà en vieux haut allemand des exemples tels que *dū habēst irslagan* « tu as abattu », ou en vieil islandais des exemples tels que *ek hefe kallat* « j'ai appelé ». Avec le temps, ce procédé a pris de plus en plus d'importance, et les formes du type moderne all. *ich habe erschlagen* ont entièrement supplanté le type des prétérits simples comme *ich erschlug* dans une grande partie des parlers allemands actuels, exactement comme *j'ai abattu* a supplanté le type *j'abattis* dans l'usage courant du français actuel. Il y a là un développement tout nouveau, qui entraîne la langue dans une direction opposée au type indo-européen commun.

B. Le verbe fort.

Par l'ancien indo-iranien, par le grec, par tout ce qui a subsisté ailleurs, on sait que le principal des formes verbales indo-européennes se composait de formes rattachées directement à des « racines » ; les présents dérivés de noms ne formaient qu'une assez petite partie de ce que l'on trouve de formes verbales dans les anciennes langues indo-européennes. Ces formations radicales, très diverses, sont encore nombreuses dans les langues attestées à date ancienne, comme le grec ou le latin. Les langues de type relativement archaïque, comme le vieil irlandais, conservent encore un grand nombre de formes radicales. Il en reste aussi beaucoup en germanique.

Ce qui est original en germanique, c'est que les verbes radicaux y ont été constitués en un type bien défini; on les appelle les *verbes forts*. Tous les verbes forts ne sont pas formés d'une manière exactement identique. Mais, à part un petit nombre de cas exceptionnels, ils se ramènent à un type qui repose sur un seul et même type indo-européen, tandis que, dans la plupart des autres langues, il y a des restes de formations plus ou moins diverses, sans organisation du type radical.

Le présent est du type dit en indo-européen type thématique, celui des présents à 1re personne active du singulier en *-ō*, comme avestique (gâthique) *barā* « je porte », gr. *phérō*, lat. *ferō*, etc.; on a de même got. *baira*. Ce type, assez régulier, à vocalisme radical en *e* et ton sur cet *e,* est celui des types radicaux de l'indo-européen qui, d'une manière générale, s'est le mieux maintenu dans la plupart des langues. Mais aucune autre langue indo-européenne ne lui a donné autant d'extension que le germanique.

D'une part, le germanique a conservé beaucoup de ces présents, qui sont de date indo-européenne, ainsi : gr. *leipō* « je laisse » (infinit. *leipein*), lit. *lēkù*, cf. got. *leihwa* « je prête »[1] — lat. *dūcō* (de **deukō*) « je conduis », cf. got. *tiuha* — skr. *vártate* « il se tourne », lat. *uertō*, cf. got. *wairþa* « je deviens » (littéralement « je me tourne »). D'autre part, — et c'est là qu'est la nouveauté — le germanique a ramené à ce type de présents thématiques des verbes qui avaient une autre structure. Par exemple, un présent comme got. *binda* « je lie » n'a pas d'équivalent exact hors du germanique ; le sanskrit a, de cette racine, un présent, sûrement formé de manière secondaire, *badhnāti* « il lie ». Un présent comme got. *brika* « je brise » n'a pas davantage son équivalent hors du germanique ; le latin a un type tout autre, *frangō*. Le présent got. *beita* « je mords » se trouve en face de présents autrement constitués, et plus archaïques : skr. *bhinádmi* « je fends », lat. *findō*. Une racine **gheu-* « verser », qui fournissait sans doute un présent athématique à l'indo-européen, a reçu un suffixe secondaire **-de-*, grâce auquel a été constitué un présent got. *giuta* « je verse », qui est du type thématique et a l'aspect d'un présent radical ;

---

1. Les verbes forts se trouvent pour la plupart dans tous les anciens dialectes germaniques, ou du moins dans plusieurs. A moins de raisons spéciales, on les citera ici toujours d'après une seule langue, généralement le gotique.

le lat. *fundō* a une structure autre, tout en présentant le même suffixe.

Dans certains cas, on voit bien comment s'est fait le présent thématique. Soit, par exemple, got. *winna* « je souffre » (d'après la comparaison des dialectes germaniques, le sens germanique commun de ce présent est « je lutte, j'obtiens par la lutte »). Le -*nn*- ne peut être ancien; car l'indo-européen ignorait la gémination dans un présent de cette sorte; le -*nn*- repose sur un ancien *-*nw*-; et, en effet, le thème indo-iranien est de la forme **wanau*- : skr. *vanóti* « il obtient, il gagne », ou, avec la désinence moyenne, *vanuté* « il gagne pour lui »; le présent germanique repose sur **wenw*-, fait sur **wenu*-.

Plus d'une forme du type athématique est passée simplement au type thématique. Ainsi, de la racine **ed*- « manger », l'indo-européen avait un présent athématique : skr. *ádmi* « je mange », lit. *ėdmi*, etc. Sous l'influence de la 3e personne du pluriel et du participe présent, qui sont pareils à ce que seraient des formes du type thématique, ainsi lat. *edunt* et lat. *edens*, cf. skr. *adánti* « ils mangent » et *adán* « mangeant », le latin a constitué à ce présent des formes en partie thématiques, *edō* « je mange », *edimus* « nous mangeons », à côté des formes athématiques : *ēs* « tu manges », *ēst* « il mange », etc. En germanique, le passage au type thématique est complet dans got. *itan* « manger », v. isl. *eta*, v. angl.

etan, v. h. a. *ezzan,* et rien ne dénonce l'ancien type indo-européen.

Le fait que nombre de présents de verbes forts sont entrés secondairement dans ce type se manifeste parfois par des différences de formes entre les dialectes germaniques. Les présents athématiques du type radical athématique opposent, dans la syllabe prédésinentielle, le vocalisme *e* du singulier au vocalisme zéro du pluriel, et il y a en même temps des variations de place du ton; ainsi skr. *émi* « je vais », gr. *eîmi* : skr. *imáḥ* « nous allons », gr. dorien *imes* (avec ton déplacé). Un exemple isolé de ce type s'est maintenu en germanique, où l'on a : got. *ist* « il est », cf. skr. *ásti,* gr. *ésti,* lat. *est,* et got. *sind* « ils sont » (ancienne forme atone), cf. skr. *santi,* gr. dorien *enti,* osque *sent* (et lat. *sunt*). Il y avait sans doute de même en indo-européen un présent *wéik-mi* « je combats, je vaincs », avec pluriel *wik-més*; ce présent athématique est remplacé par des formes différentes suivant les langues : une forme thématique à vocalisme radical zéro dans v. irl. *fichim* « je combats », un présent à nasale infixée dans lat. *uincō* « je vaincs », un présent à suffixe *-ye-* dans lit. *veikiù* « je réalise » (*nu-veikiù* « je remporte la victoire »). En germanique, les représentants de *weikmi* sont, d'une part, le type got. *weihan* « combattre », fait sur les formes à vocalisme *e* et ton sur le radical, soit *wéik-,* d'autre part, le type v. isl. *vega* « battre », fait sur les formes à vocalisme zéro et ton sur la désinence, soit *wik-. Le présent v. isl. *vega* a été traité comme appartenant au type v. isl. *gefa* « donner », à vocalisme originaire en -e-, sans sonante. Par contamination des deux types *wihan* et *wiɣan*, on a eu, d'une part, v. angl. *wigan* « combattre », v. sax. *wigand* et v. h. a. *wigant* « combattant », de l'autre v. h. a. *ubar-wehan* « l'emporter sur » et got. *and-waihan* « résister ». Le germanique offre plusieurs autres exemples de variations de ce genre qui s'expliquent de la même manière.

A côté des présents à vocalisme radical représentant l'ancien vocalisme *e*, qui sont le type ordinaire, et des présents à vocalisme radical zéro, qui sont exceptionnels et sans doute d'origine secondaire, il y a un assez grand nombre de formes dont la voyelle radicale est *a* en germanique. Ces formes sont d'origines diverses ; elles remplacent en grande partie d'anciennes formes athématiques. Le présent got. *fara* « je conduis (en véhicule) » rappelle l'aoriste grec *porein* « procurer ». Le présent got. *mala* « je mouds » répond à lit. *malù* ; mais vieil irlandais *melim*, aussi du type thématique, a un autre vocalisme radical, et le vieux slave *meljǫ* a le vocalisme radical *e* et un suffixe *-ye- ; le tout remplace un thème de présent *melǝ-, *molǝ-.

Bien que l'ancien type des présents thématiques radicaux soit devenu le type normal du présent des verbes forts et qu'il ait reçu un accroissement considérable, il y a des traces d'autres formations en germanique. Par exemple, la racine i.-e. *prek- « demander, prier », qui n'avait pas de présent radical thématique en indo-européen, a fourni en gotique un présent à suffixe *-ne- : *fraihna* « je demande ». Il y a des formes à suffixe *-ye- en nombre appréciable, surtout parmi les formes à vocalisme radical germanique en -a- : got. *hafjan* « lever », v. isl. *hefja*, v. h. a. *heffan*, cf. lat. *capiō* « je prends ». De la racine *sed- « s'asseoir », on a, aussi avec le suffixe *-ye-, des présents : v. isl. *silja* « s'asseoir », v. angl. *sittan*, v. h. a. *sizzan*, tandis que le gotique offre le type normal, *sitan* « s'asseoir » ; ni l'une ni l'autre forme n'est de date indo-européenne sans doute.

Le subjonctif du présent des verbes forts repose sur l'ancien optatif des présents thématiques : got. *bairais* « que tu portes », v. h. a *berēs*, et got. *bairai*, v. h. a. *bere* « qu'il porte » répondent exactement aux optatifs skr. *bháreḥ* « tu peux porter », *bháret* « il peut porter » et gr. *phérois*, *phéroi*. Seule, la 1re personne du singulier fait quelque difficulté.

L'impératif got. *bair*, v. h. a. *bir* « porte » répond de même exactement à skr. *bhára* « porte », gr. *phére*. Toute finale en a disparu, et la forme se réduit en germanique à la racine seule.

C'est évidemment dans le verbe fort que s'est fixé l'usage de former l'infinitif du thème du présent ; car c'est là que cet usage s'explique. L'infinitif ger-

manique repose sur un ancien type d'abstraits en
*-ono-, qui a son pendant en indo-iranien ; par exemple,
du skr. *ádanam* « (le) manger » on rapprochera got.
itan « manger » ; du skr. *bháraṇam* « fardeau », got.
bairan « porter » ; etc. Ces noms radicaux se sont
trouvés concorder avec les présents tels que got. *ita*
« je mange », *baira* « je porte », etc. Un rapport a
été établi entre ces noms et ces présents, et, une fois
que le rapport a été établi et que les noms en -*an* ont
été considérés comme les infinitifs des verbes forts du
type usuel, on a pu faire un infinitif tel que got.
hafjan « lever » sur *hafja* « je lève », et de même
pour tous les verbes de la langue. Le vieux haut allemand fléchit encore l'infinitif, et l'on y trouve des
formes telles que *berannes* (génitif), *beranne* « datif ».
En gotique et en nordique, il n'y a plus trace de
déclinaison de l'infinitif.

Le prétérit des verbes forts repose, pour la plus
grande partie, sur l'ancien type du parfait indo-
européen. Le parfait indo-européen était un type
athématique, ayant des désinences spéciales, et
présentant au singulier le vocalisme prédésinentiel *o*, au pluriel le vocalisme zéro ; ainsi skr. *véda*
« je sais », gr. *(w)oĩda*, mais skr. *vidmá* « nous
savons », gr. *(w)ídmen* (avec ton déplacé) ; pour ce
verbe, qui est demeuré en germanique avec sa valeur de parfait, exprimant le résultat acquis du

procès, on a got. *wait* « je sais », *witum* « nous savons ».

Le parfait existait avec ou sans redoublement. En indo-iranien et en grec, les formes à redoublement sont normales; on a donc skr. *riréca* « j'ai laissé », gr. *léloipa*, tandis que, en germanique, les formes sans redoublement sont les seules en usage dans tous les verbes dont le présent repose sur une forme à vocalisme radical *e*, c'est-à-dire dans le type usuel, ainsi got. *laihw* « j'ai prêté » à côté de *leihwa* « je prête ». Ce qui caractérise le parfait, c'est, en pareil cas, le vocalisme *a* (i.-e. *o*) au singulier, zéro (au pluriel), en regard du représentant du vocalisme *e* du présent, ainsi en gotique :

beitan « mordre » :   *bait, bitum*
bindan « lier »   :   *band, bundum*
giutan « verser » :   *gaut, gutum,*   etc.

Dans les racines où la voyelle radicale est suivie d'une seule consonne, comme **wes-* « demeurer, être », **bher-* « porter », etc., ce n'est pas le degré zéro qui sert au pluriel, mais le degré *ē*. On a ainsi en gotique :

wisan « être »   :   *was, wesum*
giban « donner »   :   *gaf, gebum*
bairan « porter » :   *bar, berum,*   etc.

L'emploi de ce degré long du vocalisme dans des

formes de prétérits. n'est pas une spécialité du germanique ; on retrouve des faits analogues notamment dans les langues baltiques et en latin. En latin par exemple, le parfait *sēdī* « j'ai été assis » s'oppose au présent *sèdeō* « je suis assis ».

C'est aussi un degré long, germ. *ō*, qui sert à caractériser le prétérit tout entier, singulier et pluriel, là où le présent a le vocalisme germanique *a*, ainsi en gotique :

faran « conduire (un char) » : *for, forum*.

A côté du type sans redoublement, le germanique a conservé des traces du parfait à redoublement dans les cas où le présent a un vocalisme particulier qui ne permet pas de caractériser le parfait par le vocalisme, ou bien là où le vocalisme est à part, hors des règles ordinaires.

Quand le présent a un vocalisme *a* devant une sonante suivie de consonne, comme dans got. *haitan* « se nommer », *stautan* « heurter », *haldan* « tenir », *fāhan* (de **fanhan*) « prendre », le degré *ō*, qui n'existe qu'en syllabe ouverte, n'est pas utilisable ; alors le prétérit à redoublement est de règle : got. *haihait, haihaitum — staistaut, staistautum, — haihald, haihaldum — faifāh, faifāhum*. Dans les mêmes conditions, le latin a le type *momordī* « j'ai mordu », à côté de *mordeō* « je mords ». Il en est de même en irlandais. — On trouve aussi le prétérit à redoublement là où

le présent a un vocalisme à voyelle longue, ainsi
got. *slepan* « dormir », prétérit *saizlep* « je me suis
endormi » — *flokan* « se plaindre », *faiflok* — et,
avec une alternance de timbre, got. *letan* « laisser »,
prétérit *lailot* ; *saian* « semer » (racine **sē-*, cf. lat.
sē-uī « j'ai semé »), *saiso*.

Le prétérit à redoublement, qui repose sur un
type indo-européen et qui a dû tenir une place notable
en germanique commun, n'est clairement conservé
qu'en gotique. Il avait l'inconvénient d'entrer mal
dans le système général du verbe fort germanique,
où la syllabe radicale porte toujours l'accent initial
et se trouve mise en évidence; par une exception
unique, la syllabe radicale de ces prétérits se trouvait
dans une dépression d'accent. Le groupe northumbrien du vieil anglais, qui garde encore nettement
le prétérit à redoublement, montre bien cet inconvénient : à got. *haihait,* il répond par *heht*; à got. *lailot,*
par *leort* (avec une dissimilation de *l* en *r*) ; à got.
lailaik « j'ai sauté » par *leolc*; etc. L'élément radical
devenait méconnaissable. Sous l'action de l'accent
initial combinée avec la tendance à la dissimilation,
les formes à redoublement ont été remplacées en
nordique et dans la plupart des dialectes occidentaux par des formes qui ont un vocalisme spécial,
mais qui ont, comme toutes les autres formes du
verbe fort, l'accent initial sur la syllabe radicale. On
a ainsi :

	V. ISL.	V. ANGL.	V. H. A.
{ infin.	*heita*	*hātan*	*heizan* « s'appeler »
{ prétér.	*hēt*	*hēt*	*hiaz*
{ infin.	*halda*	*healdan*	*haltan* « tenir »
{ prétér.	*helt*	*heald*	*hialt*
{ infin.	*(h)laupa*	*hlēapan*	*loufan* « courir »
{ prétér.	*(h)liōp*	*hlēop*	*liof*
{ infin.	*lāta*	*lāetan*	*lāzan* « laisser »
{ prétér.	*lēt*	*lēt*	*liaz*

Les prétérits à redoublement ont ainsi été ramenés au type général des prétérits des verbes forts. L'unité générale d'aspect de ces formes que le germanique commun n'avait pu réaliser a été obtenue au cours du développement particulier des dialectes.

La flexion du parfait comportait en indo-européen dés désinences spéciales. Au pluriel, tout se passe comme si, en germanique, les anciennes désinences secondaires du prétérit avaient été généralisées ; dans la 3ᵉ personne du plur. got. *witun* « ils savent », *nemun* « ils ont pris », où germ. -*un* repose sur *-*ṇt*, cf. avest. -*at* du type secondaire athématique. L'-*u*- de ces formes s'est étendu aux autres personnes du pluriel, d'où got. *witum* « nous savons », *nemum* « nous avons pris » et *wituþ* « vous savez », *nemuþ* « vous avez pris ». Le vieux haut allemand a de même *nāmum, nāmut, nāmun* et le vieil islandais *nōmom, nōmoð, nōmo.* Ainsi à un type où les désinences s'ajoutaient immédiatement à la racine s'est substitué un type où, au point de vue germanique, il y a une voyelle *-u-* entre la racine et les désinences *-m, -ð, -nd.* Le modèle du présent, où il y avait une voyelle avant la désinence, dans le type got. *bairam, bairiþ, bairand,* a été pour beaucoup dans cette innovation.

Au singulier, les choses se présentent autrement. La désinence de 1re personne du parfait était **-a* : skr. *véda,* gr. *(w)oīda* « je sais ». et celle de 3e personne *-e* : skr. *véda,* gr. *(w)oīde* « il sait »; on a de même v. irl. *cechan* « j'ai chanté », de **kekana,* et *cechain* « il a chanté », de **kekane.* En germanique, où les voyelles finales **-a* et **-e* se sont amuies dès avant la fixation des plus anciens textes, on n'a donc partout que des formes sans désinence à la 1re et à la 3e personnes : got. *wait* « je sais, il sait », v. isl. *veit,* v. angl. *wāt,* v. h. a. *weiz.* Ce traitement est de grande portée à deux points de vue. C'est, avec l'impératif, le premier cas où les formes germaniques se réduisent à la racine seule, sans aucun élément désinentiel visible. Et c'est aussi le premier où deux formes personnelles différentes se confondent et ne peuvent plus être distinguées par elles-mêmes; d'autres faits pareils ont eu lieu à des dates diverses dans les dialectes germaniques; mais celui-ci est le seul qui soit commun à tout l'ensemble du groupe. L'ambi-

suïté de formes telles que got. *nam* « j'ai pris » et
« il a pris » est donc un fait hautement significatif.

Il reste à considérer la 2ᵉ personne du singulier.
La désinence active du parfait indo-européen com-
mençait par une dentale ; elle apparaît en sanskrit
comme -*tha*, en grec comme -*tha*. Le gotique et le
scandinave l'ont conservée sous forme -*t*. Germ. -*t* est
le représentant normal d'un *-*th*- indo-européen après
une consonne dans des cas tels que got. *gaft* « tu as
donné », *tauht* « tu as tiré », *wast* « tu as été » ; il
y a eu restauration de -*t*- dans un cas tel que *waist*
« tu sais » où, phonétiquement, on aurait *waiss* ;
et il y a purement et simplement extension analogique,
d'après les cas précédents, dans les cas tels que *namt*
« tu as pris » et *bart* « tu as porté ». En vieil islandais, on a de même *veist* « tu sais » (qui tend à être
remplacé par *veizt, veiz*).

Comme le montrent les actions analogiques qu'elle
a occasionnées, cette forme de 2ᵉ personne faisait
difficulté par suite du fait que la désinence com-
mençait par une consonne. Le germanique occidental a levé la difficulté en recourant, pour cette
2ᵉ personne, à une tout autre forme, qui n'appartient pas au système du parfait. Soit, par exemple,
le verbe qui est v. angl. *tēon*, v. sax. *tiohan*, v. h.
a. *ziohan* « tirer », et dont la 3ᵉ personne du singulier
du prétérit est v. angl. *tēah*, v. sax. *tōh*, v. h. a. *zōh*,
et la 3ᵉ du pluriel v. angl. *tugon*, v. sax. *tugun*, v.

h. a. *zugun*; la 2ᵉ personne du singulier de ce verbe est : v. angl. *tuge*, v. sax. *tugi*, v. h. a. *zugi*. Il ne s'agit pas d'une forme de parfait ; on est devant un reste de l'aoriste thématique du type du grec homérique *lipon* « j'ai laissé » à côté de *leípō* « je laisse », *leîpon* « je laissais ». Cet aoriste était caractérisé par le degré zéro du vocalisme radical et par le ton sur la voyelle thématique *e/o* (qu'on compare le participe grec *leípōn* « laissant », du présent, à *lipṓn*, de l'aoriste). Donc une forme telle que v. h. a. *liwi* « tu as prêté », à côté de *lēh* « j'ai prêté, il a prêté », est à rapprocher du gr. homérique *lipes* (où le ton est déplacé). — Le maintien de formes de l'aoriste dans un dialecte germanique montre que le germanique commun avait encore des aoristes. Le germanique commun était plus archaïque de forme que ne le laissent voir même les plus vieux monuments des langues germaniques, et l'élimination des archaïsmes a eu lieu, dans une large mesure, au cours de l'histoire spéciale des dialectes. Dans v. h. a. *tôt* « il fait, il agit », il y a encore un vieux présent radical athématique plus archaïque même qu'un présent tel que lat. *dat*.

Même en germanique occidental, un groupe a conservé la désinence du parfait, avec sa forme germanique *-t*. Ce sont les parfaits qui n'ont pas pris la valeur de prétérits, et qui, ayant gardé le vieux sens du parfait indo-européen, expriment le résultat acquis d'un procès : le vieux haut allemand a donc *weist*

« tu sais », en face du got. *waist*; et de même *darft*
« tu as besoin », *gi-tarst* « tu oses », *maht* « tu peux ».
Une forme de prétérit ne pouvait en effet figurer dans
ce que l'on appelle, improprement, les prétérito-
présents et qui se compose essentiellement d'anciens
parfaits à valeur de présent ou de formes assimilées
à des parfaits.

Étant donné que l'aoriste thématique s'est maintenu jusqu'en germanique commun, des aoristes athématiques ont pu se conserver aussi. Une flexion du
pluriel got. *bitum, bituþ, bitun* peut se rattacher aussi
bien à l'aoriste athématique védique *bhét* « il a fendu »,
participe *bhidán*, qu'à un ancien parfait sans redoublement. Et un mélange de parfaits et d'aoristes athématiques au pluriel expliquerait le sens de prétérit pris
en règle générale par le parfait en germanique. On
ne peut cependant rien affirmer à cet égard.

Le subjonctif du prétérit germanique repose sur
le type de l'optatif d'un parfait sans redoublement
ou d'un aoriste athématique : les deux formes ne sau-
raient se distinguer. La caractéristique de l'optatif
de tous les thèmes indo-européens du type athématique était *-yē-* au singulier, *-ī-* au pluriel; ce suffixe
s'ajoutait à un thème dont le vocalisme prédésinentiel
était au degré zéro; le germanique a généralisé *-ī-*,
et l'on a par exemple got. 2ᵉ pers. sing. *bundeis*,
3ᵉ sg. *bundi*, v. h. a. 2ᵉ pers. sing. *buntīs*, 3ᵉ sg.
bunti, de même que l'on a au pluriel, 1ʳᵉ pers. got.

bundeima, v. h. a. *buntīm.* L'-*ī*- du type athématique s'était aussi maintenu en germanique commun dans les présents athématiques; le vieux haut allemand a encore, du verbe « être », le subjonctif 2ᵉ sg. *sīs,* 3ᵉ sg. *sī,* 1ʳᵉ plur. *sīm* (*sīn*), etc.; cf. lat. *sīs, sit, sīmus,* etc. Un autre présent a conservé ce type de subjonctif (ancien optatif); mais, en raison du sens particulier du verbe, l'optatif y sert d'indicatif : en face de lat. *uelis* « que tu veuilles », *uelit* « qu'il veuille », *uelīmus* « que nous voulions », on trouve got. *wileis, wili, wileima,* v. h. a. *wili* (2ᵉ 3ᵉ pers. sg.; le pluriel a une autre forme en germanique occidental); le sens originel est « tu voudrais, il voudrait, nous voudrions ». L'opposition du subjonctif présent du type got. *bindai* et du subjonctif prétérit du type got. *bundi* est donc chose secondaire, qui s'est fixée au cours du développement du germanique; le sentiment de cette opposition était si fort que le subjonctif du verbe « être » est devenu en gotique *sijais, sijai, sijaima,* etc. Dans les prétérito-présents, qui, comme got. *wait* « je sais », ont gardé la flexion du parfait avec un sens de présent, le subjonctif en -*ī*- a subsisté : got. *witeis, witi, witeima,* etc., cf. le type skr. *vidyāt* « il peut savoir », *vidyúḥ* « ils peuvent savoir ».

Le participe passé intransitif ou passif des verbes forts se forme à l'aide du suffixe indo-européen *-*no*-; le suffixe germanique est *-*ana*-, reposant sur i.-e. *-ono-. A côté des présents de type ordinaire, représentant un vocalisme radical indo-européen en *e*, le vocalisme du participe passé est du degré zéro ; donc, en face de got. *bindan* « lier », v. isl. *binda*, v. angl. *bindan*, v. h. a. *bintan*, on a got. *bundans*, v. sax. *gi-bundan*, v. h. a. *gi-buntan* et v. isl. *bundenn*, v. angl. *bunden*. Le slave a -*enŭ* : v. sl. *nesenŭ* « porté » ; le gotique conserve i. -e. *-eno-* à l'état de trace, dans l'adjectif *fulgins* « caché », en face de l'infinitif *filhan* « cacher ». — Le degré long du vocalisme radical à l'indicatif pluriel et au subjonctif des prétérits tels que got. *nam* « il a pris », *bar* « il a porté », plur. *nemun*, *berun*, subjonctif *nemi*, *beri*, provient de thèmes d'aoriste ou de présent de type athématique ; au participe passé, le vocalisme zéro est de rigueur : ainsi got. *numans*, *baurans* ; v. h. a. *ginoman*, *giboran* ; v. angl. *numen*, *boren* ; v. isl. *numenn*, *borenn*.

Les prétérito-présents, qui sont très à part, ont le suffixe indo-européen *-to-* ; ainsi à côté de got. *man* « je pense », *munum* « nous pensons », on a *munds* « pensé » qui répond exactement à skr. *matáḥ*, lat. *mentus*. Dans la plupart des cas, ces participes ont été séparés du système verbal et traités en adjectifs ; ainsi, à côté de got. *skal* « je dois », *skulum* « nous devons », got. *skulds* « redevable, coupable ».

Les prétérito-présents, tout en gardant la flexion du parfait, ont reçu le participe présent ; on a par exemple got. *witands* « sachant », v. h. a. *wizzanti*.

C'est que l'ancien participe parfait ou bien a disparu, ou bien est sorti du système verbal ; le gotique a, il est vrai, gardé le participe qui répond à gr. *(w)eid(w)ōs* « sachant », mais il l'emploie comme substantif : *weitwōþs* « témoin ». Du reste, ce qui a facilité l'extension des participes présents aux prétérito-présents, c'est que certaines de ces formes sont d'anciens présents ou sont contaminées avec d'anciens présents. Ainsi got. *aih* « je possède » est un ancien présent ; cf. skr. *íçe* « j'ai puissance » ; l'*a* du got. *aih* ne représente pas l'*o* d'un parfait, mais un *a-* initial, préposé à *i-* comme il arrive souvent dans les anciennes langues indo-européennes, et cet *a* se maintient par suite au pluriel : got. *aigun*, v. isl. *eigo*, v. angl. *āgon*, v. h. a. *eigun* ; c'est peut-être parce que l'on a ici un ancien présent que le participe passé (devenu adjectif) est en *-n-* : v. isl. *eigenn*, v. angl. *āgen*, v. sax. *ēgan*, v. h. a. *eigen* « propre ». Donc le participe présent got. *aigands* « possédant » n'a rien que d'attendu.

Le présent, le prétérit et le participe passé dont l'ensemble constitue un verbe fort appartiennent, on le voit, à trois types qui sont de date indo-européenne. Mais les trois formes ont été mises en rapport les unes avec les autres, et sur l'une des trois, on forme au besoin les autres. Il y a ainsi des prétérits faits secondairement sur des présents. Par exemple, on a vu comment le présent gotique *winna* représente un ancien présent **wenwō*; sur ce présent, il a été fait un prétérit *wann* et un participe passé *wunnans*. Il serait donc vain de vouloir expliquer directement chacune des formes d'un verbe fort donné; beaucoup des formes qu'on rencontre s'expliquent par le système. Ce système, dont l'aspect général est archaïque, se compose en grande partie de formes nouvellement créées. Les divergences de détail qu'on observe entre les dialectes, à la 2ᵉ personne du prétérit et dans de nombreux présents, montrent que, si l'ensemble du système existait déjà en germanique commun, le détail ne s'est arrêté qu'après la différenciation des dialectes.

Le système du verbe fort était si bien établi, si équilibré, si clair et si conforme à tout le plan général de la langue qu'il s'est maintenu dans toutes les langues germaniques. Même l'anglais moderne a conservé des verbes forts, avec des alternances vocaliques. Sans doute, le groupe ne s'est enrichi de formes nouvelles que par exception, ainsi quand l'allemand a emprunté le lat. *scrībere* et en a fait le verbe fort v. h. a. *skrīban*. Sans doute, les verbes qui composent le groupe des verbes forts, tendent à sortir peu à peu de l'usage. Mais une langue comme l'allemand a encore un très grand nombre de verbes forts, avec des alternances vocaliques et même consonantiques très compliquées, comme dans *ziehen, zog ; sieden, sott ; leiden, litt ;* etc.

C. Verbes faibles.

Les formations verbales connues sous le nom de formes *faibles* offrent toutes des traits communs : le présent comporte un suffixe; le prétérit et le participe passé ont une même formation caractérisée par des suffixes à dentale.

A la différence des verbes forts autres que les prétérito-présents, les verbes faibles ont au participe passé le représentant du suffixe i.-e. *-to-, qui figure dans les types lat. *monitus, amātus, fīnītus,* etc. Ce suffixe est de la forme *-þa-, qui, entre deux voyelles, a passé à *-ða- dans tous les verbes faibles. Le gotique a ainsi *nasiþs* « sauvé », fém. *nasida*; *salboþs* « oint », fém. *salboda*; *habaiþs* « possédé », fém. *habaida*. Le vieil islandais a de même par exemple *safnaðr* « assemblé », *fœrðr* (de *fōriðaʀ) « conduit », etc. Le vieil anglais a *nered* « sauvé », *dēmed* « jugé », etc. Le vieux haut allemand a *gi-nerit* « sauvé », *gi-salbōt* « oint », *gi-habēt* « possédé », etc.

La prononciation sourde ancienne -þa- ne s'est maintenue que dans quelques verbes isolés, qui forment deux groupes. Il y a d'abord des verbes à présents en *-ye-, dans lesquels le suffixe du participe passé suit immédiatement une consonne et où le -þa- a passé à -ta- : got. *waurkjan* « agir », partic.

waurhts, et de même v. isl. *ortr*, v. angl. *ge-worht*, v. h. a. *gi-worht*; got. *bugjan* « acheter », partic. *bauhts*, v. angl. *ge-boht*; got. *þugkjan* « sembler », partic. *-þuhts*, v. isl. *þóttr*, v. angl. *ge-đuht*, v. h. a. *gi-dūht*. Il y a d'autre part les prétérito-présents; dans les mêmes conditions, après consonne, la sourde s'y maintient, ainsi de got. *þarf* « il a besoin », *þaurfts* « nécessaire » (employé comme adjectif); de *mag* « je peux », *mahts*; etc. A côté de *wait* « je sais », l'i.-e. **wit-to-* « connu », attesté par gr. *-wistos* par exemple, est représenté par got. *-wiss*, v. isl. *viss*, v. angl. *-wiss*, v. h. a. *-wiss* « certain », qui est devenu un simple adjectif. La forme *-þa-* est même maintenue, à côté de *kann* « je sais », dans got. *kunþs* (fém. *kunþa*), v. angl. *kūđ*, v. h. a. *kund*, sans qu'on voie la raison de cette anomalie unique.

Les thèmes verbaux indo-européens étant entièrement indépendants les uns des autres, un verbe dérivé comportait toujours un seul thème, qui était un thème de présent. Les thèmes de prétérits des verbes dérivés qui sont devenus les verbes faibles germaniques sont donc de création secondaire, tout comme les formations du même genre qu'on rencontre dans les autres langues. L'origine de la forme du prétérit des verbes faibles germaniques n'est pas exactement connue : ce n'est pas une forme indo-européenne, et par suite la comparaison des autres langues n'enseigne rien, sinon que c'est une formation nouvelle, postérieure à la période indo-européenne; au moment où apparaissent les premiers monuments du germanique, la formation est entièrement achevée, si bien que la comparaison des langues germaniques entre elles n'enseigne rien non plus. La même difficulté se rencontre pour le perfectum latin du type de *amāuī, momuī*, sur l'origine duquel on ne peut faire que des hypothèses incertaines et précaires.

La formation du prétérit des verbes faibles est toujours parallèle à celle du participe passé. On aura donc :

<table>
<tr><td align="center">PARTICIPE PASSÉ
(au nominatif masculin
singulier)
—</td><td align="center">PRÉTÉRIT
(à la 1re personne
du singulier indicatif)
—</td></tr>
</table>

Type germanique en -ō- :

got.	*salboþs* (fém. *salboda*) « oint »	*salboda*
v. h. a.	*gi-salbōt*	*salbōta*
v. isl.	*kallaðr* « appelé »	*kallaða*

Type germanique en -i- :

got.	*nasiþs* (fém. *nasida*) « sauvé »	*nasida*
v. h. a.	*gi-nerit*	*nerita*
v. isl.	*taldr* « dit »	*talda*

Quand le participe a la forme à consonne sourde -þ- ou -t-, le prétérit a de même -þ- ou -t- : par exemple, à côté de *kunþs* « connu », le gotique a *kunþa* « j'ai connu », et, à côté de *waurhts* « accompli », *waurhta* « j'ai accompli ». Les prétérito-présents, qui ne pouvaient avoir un prétérit reposant sur le parfait, puisque l'ancien parfait a fourni la forme à valeur de présent, ont reçu ainsi un prétérit; par exemple, à côté de got. *wait* « je sais », on a le prétérit *wissa* « j'ai su, je savais », parallèle à l'ancien participe *-wiss* « connu ».

Le caractère récent de la formation du prétérit faible se reconnaît, entre autres choses, au désaccord de la flexion dans les diverses langues germaniques :

GOTIQUE	VIEUX HAUT ALLEMAND	VIEIL ISLANDAIS
salboda	*salbōta*	*kallaða*
salbodes	*salbōtōs*	*kallaðir*
salboda	*salbōta*	*kallaði*
salbodedum	*salbōtum*	*kallaðum*
salbodeduþ	*salbōtut*	*kallaðuð*
salbodedun	*salbōtun*	*kallaðu*

Les formes gotiques, *salbodedum,* etc., sont instructives pour l'origine du prétérit des verbes faibles. De même que, dans lat. *amābam* « j'aimais », on croit reconnaître une sorte d'infinitif *amā-* et un auxiliaire significatif « j'étais », soit « j'étais à aimer », dans le type got. *salbo-dedum,* on croit reconnaître un auxiliaire, à savoir des formes de la racine i.-e. **dhē-* germ. **dē-* ; car le germanique occidental atteste l'existence d'un prétérit à redoublement, dont le thème est **dē-d-* : v. h. a. *tātum* « nous faisions », v. sax.

dādun. Les formes du singulier telles que got. *salboda* et v. h. a. *salbota* reposeraient sur des prétérits sans redoublement. Tout s'expliquerait. Un détail de vocalisme vient confirmer cette explication : on a vu que la finale est en *-ē-* à la 2ᵉ personne du singulier en gotique, *salbodes,* et en vieil islandais, *kalladir,* et en *-ō-,* dans une partie du germanique occidental : v. h. a. *salbōtōs,* v. sax. *salbodos* (à côté de *salbodes*); or, la racine i.-e. **dhē--,* dont on a des formes en *-ē-* dans l'impératif aoriste arménien *di-r* « pose » par exemple. fournit un présent en *-ō-* en germanique occidental : v. angl. *dōm,* v. sax. *dōm,* v. h. a. (très ancien) *tōm* « je fais »; la concordance est frappante. — Si cette hypothèse, qui semble plausible, répond à la réalité, il faut admetttre que les prétérits faibles dont la caractéristique a une consonne sourde, comme got. *waurhta* « j'ai agi », *kunþa* « j'ai su », etc., ont reçu cette consonne sourde d'après l'analogie de la forme du participe passé : d'après le modèle de *salboþs* (de **salbōdaʐ*), *salboda* et de *munds* « pensé », *munda* « j'ai pensé », il était naturel de faire *waurhta* sur *waurhts,* et *kunþa* sur *kunþs* (de **kunþaʐ*). On aurait là un bon exemple de la puissance d'innovation qui caractérise le germanique.

Les divers types de verbes faibles se distinguent par la forme du présent et par l'élément qui se trouve devant la consonne initiale des caractéristiques du

participe passé et des prétérits. Il y a quatre types
dont l'importance est inégale.

Le type le plus important est celui en *-jan, qui a
des origines diverses. On y trouve principalement des
verbes dérivés de noms, comme got. *arbaidjan* « tra-
vailler », de *arbaiþs* « travail »; *dauþjan* « tuer »,
de *dauþs* « mort »; etc., à côté de causatifs, comme
got. *satjan* « faire asseoir », en face de *sitan* « être
assis »; *dragkjan* « faire boire », en face de *drigkan*
« boire »; etc. Les causatifs indo-européens avaient
le vocalisme *o* de la racine (*a* en germanique); le ton
était sur le suffixe. Dans les causatifs, l'opposition
entre le vocalisme du causatif et celui du primitif
auquel il s'oppose est un caractère si important de
la formation que, en regard des verbes dont le présent a le vocalisme *a*, comme got. *faran* « aller (en
véhicule) », on a utilisé, pour caractériser le causatif,
le degré *ō* du vocalisme, got. *forjan* « conduire (en
véhicule) »; ce vocalisme est ancien; le sanskrit,
par exemple, a *pāráyati* « il fait passer », avec *ā* ;
mais le germanique l'a conservé seulement dans les
causatifs qui s'opposent à des présents à vocalisme
radical germanique *a*.

Les deux formations, dénominative et causative,
sont d'origine ancienne : le dénominatif got. *namnjan*
« nommer » (v. isl. *nefna*, v. h. a. *nemnen*); de *namo*
« nom » (gén. sg. *namins*, nomin. plur. *namna*),

est formé comme gr. *onomaínō* (ancien **onomanyō*) de *ónoma* « nom »; le causatif got. *-wardjan* (dans *fra-wardjan* « faire périr »), à côté de *wairþan* (*fra-wairþan* « périr ») répond à skr. *vartáyati* « il fait tourner », à côté de *vártati* « il tourne », et à v. sl. *vratitŭ* « il fait tourner » (de **wortīti*): la forme got. *-wardjan* montre bien et le vocalisme radical et la place ancienne du ton.

Le suffixe du présent a deux formes en germanique, *i* bref ou *ī* long, suivant qu'il est précédé d'une syllabe brève unique ou bien soit d'une syllabe longue, soit de deux syllabes; on a donc got. *lagjan* « étendre, mettre », 3ᵉ pers. sg. *lagjiþ* (remplaçant **lagiþ*), et v. h. a. *leggan*, 3ᵉ pers. *legit*, mais got. *sokjan* « chercher », 3ᵉ pers. sg. *sokeiþ* et got. *mikiljan* « glorifier », 3ᵉ pers. sg. *mikileiþ* « il glorifie » (de *mikils* « grand »). Les deux formes à -*i*- et à -*ī*- sont anciennes toutes deux, et le latin les répartit à peu près de même que le germanique; il a, d'une part, *capis* « tu prends » (1ʳᵉ pers. *capiō*) qui est le correspondant exact du v. h. a. *hevis* (got. *hafjis* a *j* d'après la 1ʳᵉ pers. *hafja*), et de l'autre *sāgīs* « tu vas à la trace » (1ʳᵉ pers. *sāgiō*), qui est le correspondant exact du got. *sokeis*, et aussi *sepelīs* « tu ensevelis ». — La seule divergence entre le germanique et le latin porte sur la 1ʳᵉ personne du pluriel qui a en germanique la voyelle thématique : *hafjam* et *sokjam* en gotique, tandis que le latin a, sans voyelle thématique, *capimus* et *sāgīmus*; c'est le germanique qui conserve ici l'état de choses ancien, comme on le voit par la comparaison de l'albanais.

A côté des présents causatifs, il y avait en indo-européen une forme spéciale des adjectifs en *-to-*, avec le vocalisme radical des causatifs et un -i- avant le suffixe, soit sanskrit *vartitáḥ*, à côté de *vartáyati* (le latin a de même *monitus* « averti », à côté de *moneō* « j'avertis », c'est-à-dire « je fais penser »); c'est à skr. *vartitáḥ* que répond got. -*wardiþs*, et c'est d'après la forme germ. commun **wardidaz* « qui a été fait tourner » qu'a été bâti le prétérit, got. -*wardida*, etc. Sur ce modèle, qui est ancien dans les causatifs, a été fait tout le type des verbes faibles en *-jan*; on a eu de même got. *dauþida* « j'ai tué », *sokida* « j'ai cherché », etc. Ce système résulte d'un arrangement germanique.

Outre les dénominatifs et les causatifs signalés déjà, les verbes en *-jan* comprennent des types de présents où un suffixe *-ye/o-* a été ajouté directement à la racine, comme got. *huljan* « cacher » (à côté du verbe radical v. h. a. *helan* « cacher ») ou *sokjan* « chercher » (cf. lat. *sāgiō* « je suis à la trace »). Le tout a été confondu par le germanique en un type unique.

La plupart des verbes en *-jan* se sont conformés aux types de *lagjan* et de -*wardjan*; toutefois quelques anciens verbes radicaux ont gardé un prétérit de type fort; ainsi, en face de *hafja* « je lève », le gotique a au prétérit *hof* et au participe *hafans*. D'autre part, tous les verbes n'ont pas reçu le -*i*-; en face du présent got. *þagkja* « je pense », qui répond à v. lat. *tongeō* « je pense », on a au prétérit *þāhta* et au participe *þāhts*; et, en face du got. *þugkjan* « sembler », on a au prétérit *þūhta*, et au participe -*þūhts*. C'est une forme faite comme got. *þāhta*, à savoir *brāhta*, qui sert de prétérit à got. *briggan* « apporter ».

Le type des verbes faibles en *-*ōn* est parallèle au type latin en -*ā*-, celui de *amāre* « aimer ». Il se compose essentiellement de verbes dérivés de noms, comme got. *fiskon*, v. h. a. *fiscōn* « pêcher », de got. *fisks*, v. h. a. *fisc* « poisson ». Le participe passé et le prétérit, got. *fiskoþs*, *fiskoda* sont formés comme le sont *amātus* et *amāuī* dans le type latin correspondant. La flexion germanique du type en *-*ōn* est exactement parallèle à celle du type latin en -*āre*; got. *salbo*, *salbos*, etc. se comporte comme lat. *amō*, *amās*, etc.

Le type en *-*ēn* est plus obscur. Il répond souvent à ceux des verbes latins en -*ēre* qui, comme *tacēre* « être silencieux », expriment un état; et en effet v. h. a. *dagēn* répond exactement à latin *tacēre*. Mais c'est presque uniquement en vieux haut allemand que ce type en -*ē*- est net, et qu'on a la flexion *dagēm*, *dagēs*, *dagēt*, etc., avec *dagēta* au prétérit. Sauf à la 1re personne du singulier, la flexion allemande répond exactement à celle du type lat. de *tacēre*, et v. h. a. *dagēs* est le correspondant parfait de lat. *tacēs*, par exemple. Dans toutes les autres langues germaniques, le type offre des obscurités. Par exemple, en face de v. h. a. *habēm* « j'ai », verbe d'état, exprimant l'état de quelqu'un qui « tient pris », et qui est de la même racine que got. *hafjan*, v. isl. *hefja*, v. h. a. *heffan* « lever », cf. lat. *capiō* « je prends », la flexion gotique est *haba* « j'ai », *habais*, *habaiþ*, avec des formes en *-ai-* partout où le type en *-jan* a des formes en *-i-* ou *-ī-*, par conséquent got. *habais* « tu as », tout comme on a *hafjis* « tu prends » (remplaçant *hafis*) et *sokeis* « tu cherches »; l'infinitif est *haban* et le prétérit *habaida*. En vieux saxon, il y a en partie des formes à suffixe germanique *-ja-* : infinitif *hebbian*, présent *hebbia*, à côté de 2ᵉ pers. sg. *habes*, et de même en vieil anglais infin. *habban* « avoir », 1ʳᵉ pers. sg. *haebbe* « j'ai », à côté de *hafas(t)* « tu as. En vieil islandais, ces diverses formes sont propres à certains verbes; la 1ʳᵉ personne du singulier du présent de *hafa* « avoir » est *hefe* « j'ai ». Le type en *-ē-* a donc en germanique des formes très diverses suivant les dialectes.

Le type en *-nan*, qui indique le commencement de l'action, ne s'est pas non plus développé dans tout l'ensemble du germanique. Il est bien repré-

senté en gotique, ainsi *ga-waknan* « s'éveiller »,
fullnan « s'emplir » (de *fulls* « plein ») et en vieil
islandais, ainsi *vakna* « s'éveiller ». En gotique, la
flexion est la même que dans le type fort *bindan*,
soit *ga-wakna, ga-waknis*, etc.; mais le prétérit a -*ō*-,
comme dans le type *salbon*, soit *ga-waknoda* « je me
suis éveillé ». En vieil islandais, la flexion est tout
entière celle du type en -*ō*- : *vakna, vaknar*, comme
kalla « j'appelle », *kallar*. En germanique occidental,
tout ce type en -*n*- n'existe qu'à l'état de traces.

La catégorie générale des verbes faibles avec son
participe passé et son prétérit à dentale était donc
constituée en germanique commun. Mais les types particuliers n'étaient pas encore fixés et ne se sont arrê-
tés que dans le développement propre des dialectes.
Les divers types n'ont du reste pas gardé de distinc-
tions nettes dans le développement ultérieur des dialectes. Les caractéristiques de chaque type ont été
obscurcies par l'altération générale des voyelles inaccentuées. Et les langues germaniques modernes opposent simplement un type de verbes faibles à ce qui
subsiste des verbes forts.

D. FLEXION PERSONNELLE.

La flexion personnelle était très compliquée en
indo-européen. Le germanique commun a gardé des

complications; mais, de bonne heure, tout tend à se simplifier.

La double série des désinences actives et moyennes dont le gotique a encore des restes importants au présent, s'est simplifiée en germanique occidental et en nordique par élimination de toute la série moyenne.

L'opposition du présent et de l'imparfait, au moyen des désinences dites primaires et secondaires, disparaît. Le thème dit de présent n'a plus qu'une seule flexion qui sert à exprimer le présent et aussi le futur. Le contraste de védique *bhárāmi,* gr. *phérō* « je porte », et de védique *bháram,* grec homérique *phéron* « je portais » ne subsiste plus en germanique, pas même à l'état de traces.

Le prétérit conserve un mélange de désinences indo-européennes de parfaits et d'aoristes, comme on l'a vu p. 141 et suiv.

Il y a donc deux flexions, l'une de présent, l'autre de prétérit. Mais, cette différence de flexion s'ajoute à la différence des thèmes; elle ne se suffit pas à elle-même, comme elle faisait en indo-européen.

D'ailleurs l'altération des finales a diminué l'importance des désinences, et la langue a été conduite à réagir en amplifiant les désinences. D'autre part, il a tendu à se produire des confusions étendues de formes personnelles. Ainsi la flexion personnelle se trouble et tend à disparaître.

A. MEILLET.   11

Abstraction faite du duel, qui ne s'est maintenu qu'en gotique (à la 1re et à la 2e personnes, non à la 3e) et en norrois runique, les finales de présents sont les suivantes pour le verbe fort *bindan* « lier », qui donne une idée suffisante de toute la flexion du présent :

GOTIQUE	V. ISL.	V. ANGL.	V. SAXON	V. H. ALLEM.
binda	bind	binde	bindu	bintu
bindis	} bindr	bindes(t)	bindis	bintis
bindiþ		bindeđ	bindiđ	bintit
bindam	bindom	} bindađ	} bindađ	bintamès
bindiþ	bindeđ			bintet (bintat)
bindand	binda			bintant

La finale de got. *binda* « je lie », v. sax. *bindu*, etc. représente phonétiquement le *-ō* indo européen du type grec *phérō* (v. ci-dessus, p. 87).

La finale *-is* (en germanique occidental), **-iȥ* (d'où *-r*) en scandinave répond au type sanskrit en *-asi* de *bhárasi*, i.-e. **-esi*. La différence entre **-iȥ* et **-is* ne saurait être expliquée, parce que l'on ne connaît pas le principe de la répartition de *s* et *ȥ* en pareille position.

La finale **-iđ,/*-iþ* de 3e personne du singulier répond à skr. *-ati*, vieux russe *-etĭ*, i.-e. **-eti*; elle est conservée en gotique (où l'ancien *-iđ* a passé phonétiquement à *-iþ*, mais subsiste parfois devant voyelle : *gibid imma* « il lui donne »), en norrois runique (*bariutiþ* « il brise ») et en germanique occidental. Le scandinave remplace de très bonne heure la forme de 3ᵉ personne par celle de seconde, d'où *bindr* « tu lies, il lie ».

La 1ʳᵉ personne du pluriel, du type got. *bindam*, v. isl. *bindom* répond à un type sans sifflement final, comportant ou non une nasale finale comme ionien-attique *phéromen* ; elle ne concorde pas avec skr. *-āmaḥ*, lat. *-imus*. Le type v. h. a. *bintamēs* est d'origine peu claire.

La 2ᵉ personne du pluriel, du type got. *bindiþ*, etc. répond au type skr. *bháratha*, gr. *phérete*, v. sl. *berete* « vous portez », et la 3ᵉ du pluriel, du type got. *bindand*, v. isl. *binda*, v. h. a. *bintant*, au type skr. *bháranti* « ils portent », gr. dorien *phéronti*, lat. *ferunt*.

L'emploi, très surprenant, de la 2ᵉ personne du singulier pour la 3ᵉ en scandinave, de la 3ᵉ personne du pluriel pour la 1ʳᵉ et la 2ᵉ en vieil anglais et en vieux saxon montre à quel point la flexion personnelle tend à se troubler en germanique ; en vieil anglais et en vieux saxon, la flexion verbale ne comporte, dans chaque type, qu'une seule forme pour les trois personnes au pluriel. En gotique, la flexion médio-passive, qui subsiste encore, offre aussi la forme de la 3ᵉ personne du singulier au lieu de la 1ʳᵉ, *bairada* « je suis, il est porté », et la forme de la 3ᵉ du pluriel pour la 1ʳᵉ et la 2ᵉ, *bairanda* signifiant à la fois « nous sommes portés, vous êtes portés, ils sont portés ».

Des accidents phonétiques ont contribué à augmenter les confusions. Ainsi le passage de *-m* final à *-n* en allemand a fait que *zugum* « nous avons tiré » est devenu *zugun* et s'est confondu avec *zugun* « ils ont tiré ».

Dès lors, on a été conduit à marquer la personne par l'emploi du pronom personnel. Les formes inaccentuées du pronom personnel, qui s'ajoutaient aux formes verbales et s'y soudaient, ont joué alors un grand rôle. Ainsi, en nordique, *ek* « moi », *þu* « toi » sont postposés de telle sorte qu'on a par exemple v. isl. *em-k* « je suis », *es-tu*, *es-t* « tu es ». En vieux haut allemand, *bindis* « tu lies » est remplacé très tôt par *bindis-t(u)*, et c'est cette forme qui s'est fixée ; de même, en vieil anglais, *bindes* tend à être remplacé par *bindes-t*, où *-t* représente *-þ* devenu *-t* après *-s*. Ce procédé est bien éloigné du type indo-européen, où chaque forme grammaticale se suffisait à elle-même.

CHAPITRE V

LE NOM

A. Généralités.

La flexion nominale a tendu à se simplifier, comme la flexion verbale.

Les formes nominales du nombre duel ont disparu. Dès les plus anciens monuments de tous les dialectes, il n'en est resté trace que dans le pronom personnel.

Un nom indo-européen se présentait toujours sous une forme casuelle particulière. Le nombre des cas était de huit : nominatif, accusatif, vocatif, génitif, ablatif, locatif, datif, instrumental. Or, aucune langue germanique ne distingue l'ablatif, le datif et le locatif, qui n'ont plus à eux trois qu'une seule forme. L'instrumental a aussi perdu presque entièrement toute marque propre, et ce qui s'exprimait par l'instrumental tend à recevoir la forme commune du datif-ablatif-locatif; toutefois le germanique occidental a encore à date ancienne des restes d'instrumental. Le nominatif, l'accusatif, le génitif, le datif (locatif-ablatif) et le vocatif constituent autant de catégories distinctes en germanique commun; mais le vocatif n'est distinct du nominatif qu'au singulier, et dans une partie des formes seulement. Le nominatif et l'accusatif n'ont souvent qu'une même forme.

Le nom indo-européen distinguait trois genres, de manières très diverses.

Le neutre ne se distinguait du masculin qu'à trois cas : nominatif, accusatif et vocatif, toutes les autres formes casuelles étant identiques à celles du masculin. Cet état de choses a subsisté en germanique, où le neutre est demeuré distinct, à ces trois cas seulement.

Un nom féminin se distinguait en indo-européen d'un nom masculin ou neutre par le fait que l'adjectif qui s'y rapportait éventuellement avait au féminin un thème spécial : était masculin ou neutre en grec un substantif auquel se rapportait un adjectif en -*o*-, comme gr. *néos* « nouveau » (neutre *néon*); était féminin un substantif auquel se rapportait un adjectif en -*ā*-, comme gr. *néā*. Cette distinction s'est maintenue en germanique. Mais elle a réagi sur le substantif : alors que l'indo-européen avait des substantifs féminins en -*o*- tels que gr. *nyós* « bru », le germanique a éliminé cet usage, et il a féminisé la forme correspondante : v. angl. *snuru*, v. h. a. *snur* (et *snura*), v. isl. *snor* sont passés au type en -*ā*-. Inversement, l'indo-européen avait des thèmes en -*ā*-

masculin, comme lat. *scrība* « celui qui écrit »; le germanique n'a plus rien de pareil. Le germanique distingue donc, dans le substantif, des thèmes masculins ou neutres, comme ceux en -*a*- (i.-e. *-*o*-) et des thèmes féminins, comme ceux en -*ō*- (i.-e. *-*ā*-); et, d'une manière générale, la distinction du masculin et du féminin se marque le plus souvent dans la forme même des substantifs. C'est une innovation qui n'est pas spéciale au germanique, mais qui sépare le germanique du type indo-européen.

Les noms indo-européens se fléchissaient de façons différentes suivant la façon dont le thème se terminait; les thèmes en *-*e/o*-, dits thématiques, avaient une flexion tout autre que les thèmes en *-*ā*-; et les thèmes terminés par une consonne ou par un élément sonantique, susceptible d'être voyelle ou consonne, **y, w, r, l, m, n*, tout en ayant de nombreux traits communs, présentaient aussi des divergences entre eux. Le germanique commun conserve les traits principaux de ce système, tout en tendant à le simplifier par passage des thèmes consonantiques à des types vocaliques, ainsi qu'on l'a vu, p. 117, ou par élimination des mots de ce type, qui, étant anomaux, sortent aisément de l'usage.

Mais le germanique présente ici une innovation singulière, et dont aucune autre langue n'a l'équivalent. Tandis que partout les types de thèmes terminés par des sonantes comme *r, n* perdent progressivement de leur importance, le germanique a largement développé le type en -*n*-. Sans doute, les thèmes en -*n*- étaient nombreux en indo-européen, et les anciennes langues, comme le sanskrit, le grec, le latin, en ont beaucoup de restes ; même des langues très altérées, comme l'arménien, ont de nombreux thèmes en -*n*-. Mais aucune langue n'a fait du type en -*n*- l'un des types les plus productifs de formes nouvelles.⏌ Normalement, on le verra, les adjectifs germaniques ont deux formes, l'une, dite forte, qui a subi l'influence des démonstratifs, l'autre, dite faible, qui est une forme en -*n*-. Un très grand nombre de noms masculins, neutres et féminins, ont reçu un suffixe *-*en*-/-*on*-/-*n*- ; ainsi le nom (neutre) du « cœur » se présente, non comme un thème sans suffixe, du type de lat. *cor, cordis,* mais comme un thème en -*n*- ; got. *hairto,* gén. *hairtins.* Un mot, masculin, du langage enfantin, *atta* « papa » (cf. gr. *átta,* lat. *atta*) se fléchit en gotique *atta,* gén. *attins.* Le nom, féminin, de la « femme », i.-e. **g*ᵘ*enā* (v. sl. *žena*), est en gotique *qino,* gén. *qinons.* Les exemples de ce genre pourraient être multipliés. Les types en -*n*-, masculins, neutres et féminins, sont des types normaux ; et le passage à la flexion en -*n*- est le moyen de rendre normal un mot de type anciennement anomal, comme le nom **g*ᵘ*enā* de la « femme », ou un mot insolite terminé par un -*a*, comme le mot enfantin **atta,* ou un thème terminé

par une occlusive, comme le nom du « cœur »,
*kerd-, d'où got. *hairto*.

Une langue qui, comme l'allemand, a conservé
jusqu'à présent des restes considérables de la flexion
casuelle, a aujourd'hui encore toute une flexion nominale en -*n* bien reconnaissable.

B. Les substantifs.

Entre l'indo-européen et le germanique commun,
le type de la flexion a profondément changé, on l'a
vu; de plus, le nombre des formes casuelles s'est
réduit; les finales se sont altérées de plus en plus.
Mais, à part ces changements généraux et ces tendances générales au changement, le germanique
commun est demeuré fidèle aux vieux usages indo-
européens, et les formes qu'on rencontre dans les
anciens dialectes germaniques, tout en ayant un
aspect nouveau, continuent pour la plupart des formes indo-européennes.

Soit, par exemple, la flexion des thèmes indo-européens en *-e/o-*, qui comprenait en indo-européen des
masculins-féminins et des neutres, mais qui ne comprend plus de féminins en germanique. Elle a pris en
germanique un caractère nouveau par le fait que l'alternance *e/a* n'y est plus sensible en tant que telle,
que les voyelles *e/a* tendent même à s'amuir dans

une partie des formes, et que, enfin, les désinences se sont fondues avec la voyelle du thème en une finale qui caractérise chaque cas. Mais les formes reproduisent presque toutes d'anciennes formes indo-européennes.

Les formes du singulier sont toutes anciennes.

Le nominatif masculin-féminin indo-européen en *-os (skr. -aḥ, gr. -os, vieux latin -os, lit. -as), passe à *-az, qui est représenté en vieux norrois runique par -aʀ. La voyelle *-a- s'amuit ensuite dans tous les dialectes, et aussi le *-z final en germanique occidental, si bien que l'on a got. *dags* « jour », v. isl. *dagr*, v. angl. *dæg*, v. sax. *dag*, v. h. a. *tag* (voir ci-dessus p. 13 et 32).

L'accusatif masculin-féminin indo-européen, dont les finales sont -am en sanskrit, -om en vieux latin, et -on en grec, -an en vieux prussien, a eu *-an, d'où -a en germanique commun ; cet -a se trouve encore en vieux norrois runique ; puis l'-a s'est amui, et l'on n'a partout que got., v. isl., v. sax. *dag*, v. angl. *dæg*, v. h. a. *tag*. Les formes de nominatif et d'accusatif sont donc confondues en germanique occidental par le simple jeu des changements phonétiques (voir ci-dessus, p. 11 et suiv.).

Le vocatif était en *-e en indo-européen : skr. -a, gr. -e, lat. -e, v. sl. -e ; cette voyelle finale s'amuit, et le gotique a au vocatif *dag*. En nordique, le vocatif n'a plus de forme distincte de nominatif, d'après l'analogie du pluriel et des autres types de singulier ; en germanique occidental, la confusion du nominatif singulier et du vocatif singulier de ces thèmes s'est produite phonétiquement.

Au nominatif-accusatif neutre sanskrit en *-am,* vieux latin en *-om* et grec en *-on,* vieux prussien en *-an,* le germanique répond en norrois runique par *-a* ; puis cet *-a* s'amuit, et, en face de skr. *yugám* « joug », gr. *zdygón,* latin *iugum,* on a got. *juk,* v. isl. *ok,* v. angl. *geoc,* v. h. a. *joch.*

Le génitif de ces thèmes est de la forme *-is* en gotique, *-s* en scandinave, *-es* et *-as* en germanique occidental. Le génitif des thèmes en *-e/o-* est une forme dont les caractéristiques varient d'une langue indo-européenne à l'autre : le type lat. *lupī* n'a rien de commun avec le type lit. *vilko,* v. sl. *vlīka* « du loup », et ceux-ci n'ont rien de commun avec les types skr. *vŕkasya,* gr. homérique *lýkoio,* etc. Les formes germaniques reposent sur **-e-so, *-o-so,* d'où got. *-is* (*wulfis* « du loup »), v. angl., v. sax., v. h. a. *-es* (ainsi v. h. a. *wolfes*), d'une part, et, de l'autre, v. norr. runiq. *-as* (d'où v. isl. *-s*), v. angl. northumbrien *-æs,* v. sax. *-as.* La finale **-so* attestée en germanique est ancienne; elle se retrouve notamment dans l'interrogatif v. sl. *če-so* « de quoi ».

La forme dite de datif en gotique, en scandinave et en vieil anglais sert à la fois de datif, de locatif, d'ablatif et d'instrumental. Il est donc malaisé d'en déterminer l'origine, qui est ambiguë. En vieux saxon et en vieux haut allemand, un instrumental, v. sax. *dagu*, v. h. a. *tagu*, est distingué du « datif », v. sax. *dage*, v. h. a. *tage*. Le got. *daga* peut répondre et à v. sax. *dagu* et à v. sax. *dage* pour la forme.

Au pluriel, les formes sont en partie moins claires qu'au singulier. Toutefois l'accusatif pluriel en *-ans* du gotique, *dagans*, représente exactement un type indo-européen et répond au grec crétois *-ons*, au vieux prussien *-ans*, qui donnent encore une idée exacte de l'usage indo-européen. Le nominatif-accusatif pluriel neutre, de la forme got. *waurda*, v. isl. *hǫrn* « enfants » (de **barnu*), v. angl. *hofu* « cours », v. sax. *graƀu* « fosses », répond au type védique en *-ā*, slave en *-a*, etc.

Le datif pluriel gotique en *-am*, vieil islandais en *-om*, germanique occidental en *-um* représente la voyelle **-o-* suivie d'une désinence à initiale *m* ; en effet, comme le slave et le baltique, le germanique emploie au datif pluriel une forme commençant par *-m-* tandis que l'indo-iranien, l'italique, le celtique, etc. ont les représentants d'une forme à *-bh-* initial : skr. *-bhyah*, lat. *-bus*, etc.

Dans les thèmes en **-ā-*, le nominatif singulier en **-ā* (cf. skr. *-ā*, gr. *-ā*) et l'accusatif singulier en **-ān* (cf. skr. *-ām*, gr *-ān*) se sont confondus en gotique et en

allemand : nom.-acc. sg. got. *giba* « don », v. sax.
geba, v. h. a. *geba*. Une différence s'est maintenue
en vieil anglais : nom. *giefu*, acc. *giefe*; et il en a
existé une très anciennement en nordique; puis elle
s'y est effacée aussi. — Au pluriel, le nominatif et
l'accusatif avaient tous les deux la finale *-ās* (skr. -āḥ)
en indo-européen; et le germanique tout entier confond les deux cas : got. *-os*, v. isl. *-ar*, v. angl. et
v. sax. *-a*, v. h. a. *-ā*.

Les thèmes en *-i-* ont conservé en germanique
commun une flexion propre. Mais on voit, de très
bonne heure, cette flexion s'altérer. Au nominatif, la
finale ancienne était *-is* (cf. skr. *-iḥ*, gr. *-is*, lit. *-is*),
qui a donné germ. *-iz*; *-iʀ* est encore attesté en
norrois runique : en face de v. sl. *gosti* « hôte »,
lat. *hostis* « étranger, ennemi », on a norr. run.
-gastiʀ; mais l'*i* s'est amui de bonne heure au nominatif et à l'accusatif, si bien qu'on a en gotique, nom.
gasts « hôte », acc. *gast*; en vieux saxon et vieux
haut allemand, nom.-acc. *gast*, en vieil islandais,
nom. *gestr*, acc. *gest*, c'est-à-dire des formes qui concordent exactement avec celles du type got. *dags*,
« jour », etc.; il est résulté de là que, dans chaque
langue germanique indépendamment, le génitif et le
datif singulier de tous les masculins en *-i-* ont passé
au type des thèmes germaniques en *-a-*, soit got.
gén. *gastis*, dat. *gasta*; v. h. a. *gastes, gaste*, etc.

Seuls, les féminins ont gardé au singulier l'ancien type en -*i*- : got. gén. *anstais* « de la charge », dat. *anstai*; v. h. a. gén.-dat. *ensti*. Au pluriel, la flexion est restée entièrement particulière; ainsi got. nom. *gasteis* « hôtes », acc. *gastins*, dat. *gastim*.

Le type en -*u*- s'est conservé plus clairement parce que la voyelle *u* a d'ordinaire mieux persisté que *i*. Le nominatif et l'accusatif correspondant à skr. *sūnúḥ* « fils », *sūnúm* et à lit. *sūnùs*, *súnų* sont en norrois runique *sunuR*, *sunu*, comme on l'attend; le gotique a encore *sunus, sunu*; le plus ancien haut allemand a nom.-acc. *sunu*, comme aussi le vieil anglais et le vieux saxon. De même au nominatif-accusatif singulier neutre, en regard de véd. *páçu* « troupeau », lat. *pecu*, on a got. *faihu*, v. sax. *fehu*, v. h. a. *fihu* « troupeau, richesse ». La flexion des autres cas, parallèle à celle des thèmes en -*i*-, est toute particulière, ainsi en gotique : gén. sg. *sunaus*, dat. *sunau*. Au nominatif pluriel, une forme comme got. *sunjus* représente, élément pour élément, i.-e. **sunewes*, et répond au type skr. *sūnávaḥ* « fils », v. sl. *synove*, cf. gr. -*e(w)es* au nominatif-pluriel masculin des thèmes en -*u*-.

Les thèmes anciennement terminés par une occlusive offraient des complications de traitement qui ont provoqué l'élimination du type. Quelques-uns pourtant ont gardé certaines formes propres; ainsi, en regard du lat. *nox* « nuit », gén. *noctis*, on a, au singulier, got. nom. *nahts*, acc. *naht* (ancien **nahtu*), gén. *nahts*, dat. *naht*; en vieux haut allemand, une seule forme *naht* répond phonétiquement à toutes ces formes gotiques, si bien que *naht* y sert pour tous les cas du singulier.

Les thèmes en -*n*- ont gardé des flexions à part, et qui diffèrent suivant le genre. Les masculins et les neutres ont encore des restes curieux des alternances vocaliques de la syllabe prédésinentielle. Ainsi, au masculin, on a en gotique, au singulier, nom. *hana* « coq », acc. *hanan* (de **-hananu*), mais gén. *hanins*, dat. *hanin*; en vieux haut allemand, nom. *hano*, acc. *hanun*, mais gén. dat. *hanen, hanin,* ce sont les vieilles alternances vocaliques qui servent à distinguer l'accusatif du génitif et du datif. Au neutre, on a de même, en gotique, nom.-acc. sg. *hairto* « cœur », gén. *hairtins*, dat. *hairtin*, et nom.-acc. plur. *hairtona*, gén. *hairtone*; en vieux haut allemand, nom.-acc. sg. *herza*, gén. dat. *herzen, herzin*. Les féminins, qui sont en général de formation secondaire, n'ont pas d'alternances vocaliques, ainsi au singulier, en gotique, nom. *qino* » femme », acc. *qinon*, gén. *qinons*, dat. *qinon*. Sauf au nominatif singulier, qui a des formes à part, la nasale -*n*- est bien conservée dans toute la flexion. Toutefois au datif pluriel, où la désinence commence par -*m*-, l'*n* du thème a partout été éliminée devant l'*m* de la désinence ; on a ainsi : got. *hanam* « pour les coqs », *hairtam* « pour les cœurs », *qinom* « pour les fem mes » ; et de même dans tous les dialectes.

Ainsi, en germanique commun, la variété des types indo-européens subsistait encore presque entière. Mais, dès la date la plus ancienne où l'on ait des textes, les dialectes tendent à restreindre cette variété. Les anciens textes en offrent encore beaucoup de traces, que l'altération des finales a rapidement effacées. Dès le moyen âge, on voit les flexions s'unifier, là où elles subsistent, ou tout simplement disparaître.

De toutes les caractéristiques casuelles du singulier, l'anglais n'a conservé que l'-*s* du génitif v. angl. *dæges*. Mais comme, en anglais moderne, les rapports entre les mots ne sont plus indiqués par la flexion, qu'il y a seulement des particules, -*s* fait l'effet d'une particule, à peu près aussi autonome qu'une préposition telle que *of* ; et, comme tous les mots de la langue se comportent d'une même manière en anglais, -*s* sert pour tous les mots, qu'ils aient appartenu ou non au type de v. angl. *dæg*. Dans la mesure où un reste de l'ancienne flexion casuelle a survécu en anglais, on voit qu'il a changé de caractère. Pour la forme, l'-*s* qui marque en anglais la possession est un reste de l's du type v. angl. *dæges* ; au point de vue du rôle joué par cet élément non sorti de particules portant sur l'ensemble d'un groupe nominal: on est en présence d'une structure linguistique nouvelle.

Même en allemand, où le caractère ancien de la langue a subsisté en quelque mesure, les vieilles formes ont souvent pris des valeurs neuves. Ainsi, l'indo-européen avait des thèmes en *-es-, par exemple dans le mot représenté par skr. *rájaḥ* « espace sombre » gén. *rájas-aḥ,* gr. *érebos* « région sombre » gén. *erébeos* (de **erebes-os*); le correspondant gotique *riqis* « ténèbres » a passé au type de *juk,* et il fait au génitif *riqizis.* Le vieux haut allemand a conservé des noms de ce genre; mais le **-es-* ancien n'y apparaît qu'au pluriel, sous la forme *-ir-* représentant **-iz-*; on a donc *kalb* « veau », gén. sg. *kalbes,* mais au pluriel *kelbir,* gén. *kelbiro.* De là vient que *-ir,* qui représente le suffixe indo-européen **-es-*, a fait l'effet d'une caractéristique de pluriel; l'allemand d'aujourd'hui, opposant *kälber* « veáux » à *kalb* « veau », se sert de l'ancien élément suffixal *-er* comme d'une désinence de pluriel et l'emploie dans beaucoup de mots qui n'ont jamais été des thèmes en **-es-*.

Ainsi les langues germaniques modernes — et même les moins novatrices — sont bien éloignées du type indo-européen que le germanique commun gardait encore à plusieurs égards.

C. L'adjectif.

L'adjectif n'avait pas de flexion propre en indo-européen. Sa seule particularité consistait en ceci qu'il avait deux thèmes, l'un de masculin-neutre, ainsi *newo- « nouveau » (nom. sing. skr. *návaḥ*, gr. *néos*, lat. *nouos*, v. sl. *novŭ*), l'autre de féminin, ainsi *newā- « neuve » (nom. sing. skr. *návā*, gr. *néā*, lat. *noua*, v. sl. *nova*) et que le thème de masculin-neutre admettait deux flexions, l'une de masculin (nom. sg., skr. *návaḥ*, gr. *néos*, lat. *nouos*, v. sl. *novŭ*), l'autre de neutre (nom.-acc. sg., skr. *návam*, gr. *néon*, lat. *nouom*, v. sl. *novo*). Chacun des thèmes de l'adjectif se fléchissait comme ceux des substantifs de même type.

En revanche, le démonstratif, l'interrogatif-indéfini, et certains adjectifs, notamment ceux qui signifient « un, tout, même », avaient, à la plupart des cas, une flexion propre. Au masculin-neutre, ils étaient en général thèmes en -*e/o*-, au féminin thèmes en -*ā*-. Mais, une grande partie des cas ont des finales différentes de celles des substantifs et adjectifs ordinaires. Par exemple, en regard du nominatif-accusatif neutre du type skr. *návam*, gr. *néon*, lat. *nouom*, on a le démonstratif skr. *tát* « ceci », gr. *tó* (ancien *tót*), lat. *is-tud*, qui a une caractéristique particulière.

Le germanique a fidèlement conservé les particularités de la flexion du type « démonstratif » ; il les a même en partie développées.

Un archaïsme aussi étrange que l'est l'emploi au nominatif masculin et féminin singulier du démonstratif *te/o-, *tā- d'une forme appartenant à une autre racine s'est exactement maintenu : masculin got. *sa*, v. isl. *sā* (et v. angl. *sē*), en face de skr. *sá*, gr. *ho* ; féminin got. *so*, v. isl. *sū* (et v. angl. *sēa*), en face de skr. *sắ*, gr. dorien *hắ* ; le groupe allemand, seul, a réagi, et l'on y trouve, au masculin, v. sax. *thē, thie*, v. h. a. *der* ; au féminin, v. sax. *thiu, thia*, v. h. a. *diu*.

Le datif masculin-neutre singulier got. *þamma* répond au type skr. *tásmai* (datif), *tásmāt* (ablatif), *tásmin* (locatif), v. pruss. *stesmu* « à celui-ci », *kasmu* « à qui » ; les formes des autres dialectes, v. sax. *themu* et v. h. a. *demu*, d'une part, v. isl. *þeim* et v. angl. *ðǣm*, de l'autre, ont subi des altérations, mais demeurent du même type.

Au féminin, on a le génitif singulier got. *þizos*, v. sax. *thera*, v. h. a. *dera* et le datif got. *þizai*, v. sax. *theru*, v. h. a. *deru* ; ces formes sont d'un type comparable à skr. *tásyāḥ, tásyai* et au datif v. prussien *stessiei*. Les formes v. isl. *þeirrar, þeirre* et v. angl. *ðǣre* représentent une altération secondaire du type ancien.

L'accusatif singulier, pour lequel le démonstratif employait la même désinence que le substantif, a reçu secondairement une forme propre. La forme particulière, v. isl. *þann*, v. h. a. *den* de l'accusatif masculin-singulier, en regard de skr. *tám*, gr. *tón*, tient à ce que la nasale finale s'est maintenue dans cette forme monosyllabique, tandis qu'elle s'amuissait dans les polysyllabes. Le monosyllabisme a été évité par l'addition d'une particule dans got. *þan-a*, v. angl. *đon-e*, v. sax. *then-a*. Ainsi l'accusatif des démonstratifs a pris un aspect différent de celui des substantifs.

Au nominatif pluriel masculin, le germanique est seul, avec l'indo-iranien, à conserver l'état de choses indo-européen : le nominatif got. *þai*, v. angl. *đā*, v. sax. *thē*, v. h. a. *dē* (et v. norr. runique *þai-ʀ*, avec addition de *-ʀ* d'après les substantifs; de là v. isl. *þeir*) s'oppose à la forme des substantifs (got. *-os*, etc.), comme skr. *té* « ceux-ci » s'oppose à la forme sanskrite en *-āḥ* du nominatif pluriel des thèmes en *-ă-* qui ne sont pas du type des démonstratifs.

Au génitif et au datif pluriels, le masculin-neutre et le féminin ont une seule et même forme : datif got. *þaim*, v. isl. *þeim*, v. angl. *đāem*, v. sax. *thēm*, v. h. a. *dēm*, cf. v. sl. datif *těmŭ*, instrumental *těmi*, et, avec désinences à *-bh-* initial, skr. védique datif *tébhyaḥ*, instrumental *tébhiḥ* — génitif v. isl. *þeirra*, v. angl. *đāra* (et, avec altération, got. *þize* et *þizo*, v. sax. *thero*, v. h. a. *dero*), cf. v. sl. *těxŭ* et skr. *téṣām*.

La flexion du type « démonstratif » servait en indo-européen pour les adjectifs signifiant « un, tout, même, autre » et pour quelques autres ayant des sens analogues. Ceci a permis une action générale de la flexion du type « démonstratif ». Des formes de la flexion du type « démonstratif » ont ainsi passé à tous les thèmes en *-o-* en grec, en latin, en irlandais, en slave, par exemple, notamment le nominatif pluriel en *-oi* du type grec *toí* a passé au type gr. *néoi* « nouveaux », *lýkoi* « loups », etc. En lituanien, la flexion du type « démonstratif » a passé à tous les adjectifs, qui se sont trouvés ainsi avoir une flexion différente de celle des substantifs ; dès lors, les substantifs sont demeurés indemnes de toute action des démonstratifs et adjectifs assimilés. Un fait analogue a eu lieu en germanique, où les adjectifs ont reçu aussi la flexion du type « démonstratif », et, par suite, ont eu des formes autres que celles des substantifs pour la plupart des cas. Le point de départ de toute cette différenciation des adjectifs et des substantifs se trouve sans doute au nominatif pluriel : la finale du masculin était à l'origine *-ōs* pour le masculin, *-ās* pour le féminin ; ces deux finales se confondaient en germanique où *ō* et *ā* aboutissaient également à *ō* ; l'introduction de *-ai* des démonstratifs au nominatif pluriel masculin des adjectifs rétablissait la distinction, puisqu'on avait masc. got. *blindai* « aveugles », fém. got. *blindos*.

Le principe de l'extension de la flexion du type « démonstratif » à tous les adjectifs est de date germanique commune. Mais l'extension ne s'est réalisée, pour

une part au moins des cas, que dans le développement propre de chaque dialecte germanique. Ainsi
au datif singulier masculin-neutre, l'extension a eu
lieu dans tous les dialectes : got. *blindamma* « à
l'aveugle », v. h. a. *blintemu*, v. sax. *blindum* — et
v. isl. *spǫkom* « au sensé ». Mais au datif singulier
féminin, le gotique a conservé la forme du type des
substantifs : *blindai*, tandis que l'on a v. h. a. *blin-
teru* et v. sax. *blinderu* ; le vieil islandais a normalement la forme démonstrative *spakre* « à la sensée »,
mais le vieux suédois a encore souvent des formes
telles que *halve* « à la demie », du type des substantifs. L'extension a donc eu lieu peu à peu, et l'on
en peut suivre en partie les progrès encore à l'époque
historique.

Le caractère récent de l'influence des démonstratifs
ressort de ceci que la nasale de l'accusatif singulier
masculin dont la conservation tient uniquement au
caractère monosyllabique des formes telles que v. h.
a. *den* apparaît dans l'adjectif : v. h. a. *blinten*, et,
avec la particule -*a* postposée, got. *blindana*.

Au nominatif-accusatif singulier neutre, les adjectifs indo-européens signifiant « un, tout, même »,
n'avaient pas la désinence *-*t*(-*d*) des démonstratifs ; le
sanskrit a *ékam* « un », *sárvam* « tout », etc. On s'explique ainsi que la forme des substantifs du type got.
juk « joug » se soit conservée dans le nominatif-
accusatif neutre got. *blind*, et de même en vieux haut

allemand *blint*, en vieux saxon *blind*, etc. Secondairement, la forme des démonstratifs s'est introduite : le gotique a *blindata* à côté de *blind*, le vieux haut allemand *blintaʒ* à côté de *blint*. Le nordique a tendu à généraliser le -*t* des démonstratifs ; mais les traces de formes telles que *all* « tout » sont encore nombreuses.

Ainsi le germanique a caractérisé l'adjectif au moyen de la flexion du type « démonstratif ».

Mais cette flexion est lourde, et un groupe tel que got. *þamma blindamma* « à cet aveugle » aurait quelque chose de choquant. Le germanique a remédié à cet inconvénient en recourant à la flexion des thèmes en -*n*- qu'il a largement développée. Un adjectif comme got. masculin *blinds*, neutre *blind*, féminin *blinda* est donc accompagné d'une forme à suffixe -*n*- dite faible : got. masc. *blinda*, neutre *blindo* (génitif sg. masc.-neutre *blindins*), fém. *blindo* (gén. sg. *blindons*). Cette flexion de l'adjectif concorde avec celle des substantifs thèmes en -*n*-. Elle indique par elle-même la détermination, et c'est celle que l'on emploie toutes les fois que l'adjectif est accompagné d'un démonstratif. Elle continue un type indo-européen, qui est représenté dans plusieurs autres langues, et notamment en grec et en latin ; mais, dans ces langues, le type en -*n*- fournit des substantifs dérivés ; ainsi, en grec, *ouraniōn* « habitant du ciel » est un dérivé de *ouránios* « céleste » ; une expression telle que v. isl.

Haraldr unge signifie donc étymologiquement « Harald le jeune homme ».

Ceux des adjectifs qui étaient d'anciens thèmes en -*n*- n'ont naturellement que cette flexion dite faible. Car la flexion démonstrative n'a pu s'étendre que dans les adjectifs qui sont thèmes en -*a*- au masculin-neutre, en -*ō*- au féminin. Le comparatif gotique en -*iza* (par exemple *managiza* « plus nombreux » à côté de *manags* « nombreux »), qui répond au type grec en -*iōn*, gén. -*ionos* (ancien *-*is-ōn*, *-*is-on-os*), ne connaît donc pas de formes de flexion du type « démonstratif ». Il y a ainsi un assez bon nombre d'adjectifs qui sont toujours thèmes en -*n*- comme got. *fruma* « le premier », *sama* « le même », etc.

Toutefois la plupart des adjectifs offrent la flexion des démonstratifs, les uns parce qu'ils sont dès une date ancienne du type thématique du lat. *nouos*, les autres parce qu'ils y ont été ramenés.

Le germanique commun avait hérité d'un nombre important d'adjectifs thèmes en -*u*-, comme got. *kaurus* « lourd », qui répond à skr. *gurúḥ* « lourd », gr. *barús*. Mais on sait par le grec que certains de ces adjectifs offraient une combinaison des suffixes *-*eu*- et *-*yo*- ; par exemple le grec a *polús* « abondant » au nominatif masculin singulier, *polú* au nominatif-accusatif singulier neutre, et le germanique répond par got. *filu* « beaucoup », avec le vocalisme radical en *e*, qui se retrouve dans v. irl. *il* (ancien **pelu*) ;

mais on a à côté en grec le génitif *polloū*, le nominatif pluriel *polloí*, etc., d'un thème en *-yo-*, *polyo-*. En germanique, les adjectifs thèmes en *-u-* ne gardent leur *-u-* qu'au nominatif singulier; tout le reste est en *-ja-* au masculin-neutre, en *-jō-* au féminin; ainsi à l'accusatif singulier, on a en gotique *hardjana*, pour le masculin, *hardja* pour le féminin, en regard du nominatif singulier *hardus* « dur » (masculin et féminin). Dans les autres langues, l'*u* du nominatif n'est plus visible, et, en germanique occidental, le nominatif lui-même a passé au type en *-ja-*; donc, en face du skr. *tṛṣúḥ* « désireux » (littéralement « desséché de désir; assoiffé de ») et du got. *þaursus* « sec », on a v. angl. *þyrre*, v. sax. *thurri*, v. h. a. *durri*; le vieil islandais a *þurr*, sans inflexion, mais le vieux suédois a *þørr*, avec une inflexion qui dénonce le *-ja-*. — Les adjectifs en *-u-* ayant ainsi presque toutes leurs formes en *-ja-*, la flexion faible faite sur ces formes en *-ja-* apparaît normalement; en regard de got. *hardus* « dur », acc. masc. *hardjana*, on a la forme faible nom. masc. sg. *hardja*, acc. masc. sg. *hardjana*, etc.

L'adjectif germanique n'est donc pas caractérisé seulement par le fait ancien qu'il admet les trois genres, suivant le substantif auquel il se rapporte, mais aussi par le fait nouveau qu'il a, en règle générale, deux flexions, l'une démonstrative, l'autre en *-n-*.

L'allemand a gardé jusqu'à présent la double

flexion de l'adjectif qui a commencé de se constituer en germanique commun. Et de plus, grâce à la perte de la sifflante finale au nominatif masculin singulier et à la conservation du vieux type nominal au nominatif neutre, il a constitué une forme invariable du prédicat, soit *blind,* de sorte que l'adjectif allemand moderne a deux flexions de l'adjectif épithète suivant les circonstances et, en outre, une forme non fléchie pour le prédicat.

En revanche, les langues qui, comme l'anglais, ont de bonne heure amui les finales, ont tendu à constituer un adjectif invariable dans tous les cas et à éliminer les caractéristiques propres que le germanique commun avait données à l'adjectif. Du coup, la notion du genre grammatical, dont l'expression était l'un des traits les plus originaux de l'indo-européen, perdait son principal soutien ; en anglais elle a disparu, et il n'en reste trace que dans le pronom sujet du verbe à la troisième personne.

CHAPITRE VI

DES MOTS ACCESSOIRES ET DE L'ORDRE DES MOTS

La réduction progressive de la flexion a eu en germanique les mêmes effets que partout ailleurs. Elle a conduit à employer l'ordre des mots comme un mode d'expression grammaticale et à développer l'usage des mots accessoires.

En germanique commun, où la flexion était encore riche et variée, l'ordre des mots était souple et n'avait pas de valeur grammaticale. Aucune fonction grammaticale n'était marquée par la place du mot. En traduisant la Bible, Ulfila a pu se conformer encore presque entièrement à l'ordre grec des mots, qui n'avait pas de sens grammatical.

Toutefois l'ordre des mots a tendu de bonne heure à se fixer et, en se fixant, à prendre des valeurs grammaticales. Par exemple, en gotique, l'interrogation est marquée par des particules : « veux-tu » se dit en gotique *wileiz-u*, où la particule *u*, postposée à *wileis* (ancien *wileiz-* avec -*z* conservé devant voyelle), exprime l'interrogation ; dans les dialectes occidentaux et en nordique, l'interrogation est marquée par l'ordre des mots : le sujet est placé régulièrement après le verbe dans les phrases interrogatives, et l'on a en vieux haut allemand par exemple *wil thū* pour dire « veux-tu ? ».

L'ordre des mots est fixe même en allemand, où la flexion subsiste encore, mais réduite, et où beaucoup de formes sont ambiguës. En anglais, il est l'un des principaux modes d'expression des catégories grammaticales, et, de même qu'en français, par exemple, c'est uniquement la place par rapport au verbe qui, dans une phrase anglaise, indique si un nom donné est sujet ou complément du verbe. La flexion compliquée de l'indo-européen a pu s'éliminer sans inconvénient : elle est remplacée par un procédé élégant et simple.

Mais l'ordre des mots ne suffit pas. Il y a beaucoup de relations variées qui doivent être exprimées par des mots accessoires. Les prépositions qui servent à cet effet se sont groupées avec les noms et ont tendu à exprimer ce que l'indo-européen rendait par le locatif, par l'ablatif — ceci dès le germanique commun — et enfin même par le génitif ou le datif. C'est à ce stade qu'est parvenu l'anglais, tandis que l'allemand a encore un génitif et un datif dont les caractéristiques sont renouvelées, mais dont le rôle

ne diffère guère de celui des formes casuelles indo-
européennes de même nom.

En indo-européen, les prépositions étaient des mots
autonomes, qui ne s'unissaient proprement ni aux
noms ni aux verbes. Dans une phrase homérique
comme *ek d'ágage klisíēs Brisēída* « il a amené de la
tente Briséis », *ek* « hors de » n'est lié ni au verbe
ágage « il a mené », ni à *klisíēs* « de la tente »; c'est
un mot, originairement autonome, qui indique le
point de départ et qui porte sur la phrase entière.
En indo-européen, on appelle ces mots des prépo-
sitions-préverbes. Avec le temps, ces petits mots se
sont groupés soit avec le nom, et l'on a uni *ek klisíēs*
« hors de la tente », ou avec le verbe, et l'on a uni
ekságage « il a conduit hors » (avec la forme *eks* de
la préposition devant voyelle). Cet état de choses est
acquis déjà en germanique commun : il y a, d'une
part, des prépositions avec les noms, et, de l'autre,
des préverbes avec les verbes.

Le développement des prépositions ne s'est achevé
qu'au cours de l'histoire particulière des divers dialectes germaniques; certaines prépositions, comme
got., v. h. a., v. angl. *in*, v. isl. *í*, en face du gr. *eni*,
en, lat. *in* « dans », sont germaniques communes;
mais beaucoup d'autres diffèrent d'un dialecte à
l'autre.

Les préverbes germaniques font corps avec le verbe
auquel ils sont joints, et la fusion est arrivée à ce

point que certains préverbes servent seulement à indiquer le degré d'achèvement de l'action. Tel est souvent le rôle du préverbe *ga-* en gotique ; *fullnan* signifie « s'emplir » (progressivement) ; *gafullnan* signifie « s'emplir » (en tant que l'action est achevée) ; par exemple, Luc II, 40, il est dit que « l'enfant grandissait, s'emplissant de sagesse » ; le traducteur gotique écrit : *fullnands handugeins* ; mais L. I, 41. il est dit que Elisabeth « a été remplie du Saint-Esprit » : *gafullnoda ahmins weihis.* ; ici *ga-* « avec » n'a plus aucune valeur concrète. Néanmoins *ga-* a encore en gotique une trace d'autonomie en ceci que des particules peuvent s'insérer entre *ga-* et le verbe suivant, ainsi la particule interrogative *u* dans got. *ga-u-laubeis* « crois-tu ? »

L'emploi de *ga-* pour marquer l'achèvement de l'action est libre et général en gotique. En vieux haut allemand, il tend à se fixer avec le participe passé passif, et l'on oppose *gi-buntan* « lié » à *bintu* « je lie », *bant* « j'ai lié ». Un emploi libre de *gi-* pour indiquer que le verbe exprime une action achevée subsiste encore en vieux haut allemand, et n'a disparu que par la suite, tandis que l'emploi de *gi-*, devenu *ge-*, a subsisté au participe passé. Ainsi un préverbe qui, en indo-européen et encore en quelque mesure en germanique commun, était un mot autonome, tend à n'être plus qu'un élément accessoire d'une forme grammaticale en allemand.

Des mots accessoires se sont fondus avec des mots principaux et ont servi soit à marquer plus nettement une forme, ainsi quand en vieux haut allemand *bintis* « tu lies » est remplacé par *bintist(u)*, avec un pronom postposé, soit à former des catégories nouvelles : le réfléchi *sik* fournit au nordique une sorte de réfléchi et passif, par exemple v. isl. *kallask* « s'appeler, être appelé » en face de *kalla* « appeler ».

L'indo-européen, où chaque mot était autonome, n'avait pas d'article. Le germanique commun n'en avait pas non plus ; et le gotique n'en avait pas encore au IVe siècle ap. J.-C. Mais certains démonstratifs ont pris, près des noms, une valeur de plus en plus accessoire ; c'est en germanique occidental le démonstratif de la forme v. angl. (acc.) *đone*, v. sax. (nom.) *thē*, v. h. a. *der*, qui se place avant le nom, et en nordique un démonstratif *-enn* qui se place après le nom et fait corps avec lui. Ainsi le rôle d'un mot accessoire tel que l'article a grandi peu à peu, au point que l'article est devenu un élément essentiel de la langue. Des développements analogues ont eu lieu dans d'autres langues, en grec dès une date très ancienne, en roman, en celtique, en arménien, tandis que d'autres langues indo-européennes, et notamment les langues slaves où la flexion casuelle a subsisté, n'ont pas d'article actuellement encore.

La tendance à remplacer la flexion par l'ordre des mots et par des mots accessoires est chose universelle en indo-européen. Nulle part elle ne se manifeste plus fortement que dans les langues germaniques, bien que le germanique conserve encore un aspect archaïque. Nulle part elle n'a abouti plus complètement qu'elle n'a fait en anglais. L'anglais représente le terme extrême d'un développement: il offre un type linguistique différent du type indo-européen commun et n'a presque rien gardé de la morphologie indo-européenne.

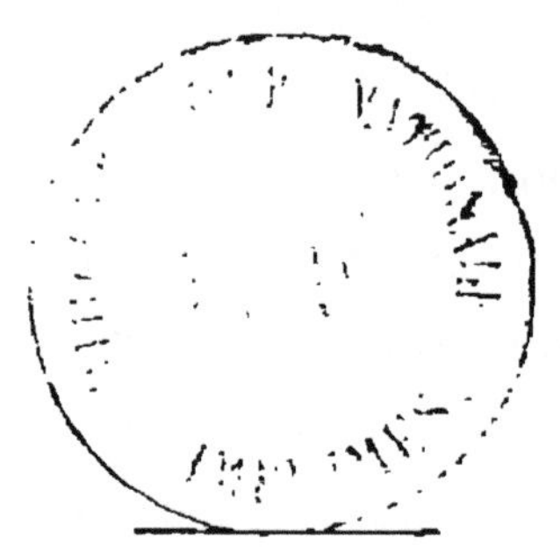

VOCABULAIRE

CHAPITRE PREMIER

LES ÉLÉMENTS INDO-EUROPÉENS
CONSERVÉS

Le vocabulaire indo-européen comportait, d'une part, des mots isolés, désignant tel ou tel concept, comme le nom de la « bru » (gr. *nyós*, arm. *nu*, etc.), du « mouton » (skr. *áviḥ*, lat. *ouis*, etc.), du « foie » (skr. *yákṛt*, gr. *hēpar*, lat. *iecur*, etc.), etc., d'autre part, des « racines » auxquelles se rattachaient des formes verbales et nominales, ayant toutes un même sens général commun ; ainsi, par exemple en grec, de la racine indo-européenne **dō-*, **də-* « donner » (gr. *dō-*, *do-*), on a : *di-dō-mi* « je donne », *é-dō-ka* « j'ai donné », *é-do-men* « nous avons donné », *dṓ'-tōr* « donateur », *dó-sis* « action de donner », *dô-s* « don », *dō-ron* « don ». Chacun des mots qui se rattachent à une même racine est indépendant des autres, et aucun de ceux qui viennent d'être cités n'est dérivé de l'un des autres ni commandé par l'un des autres. Mais ces mots peuvent aussi fournir des dérivés ; par exemple, de gr. *dô-ron* « don », on a

tiré *dōréō* « je fais don », et de *dōréō, dōrēma* « fait
de faire don » ; une famille de mots indo-européens
peut ainsi se ramifier de manières variées.

Le germanique a conservé des noms indo-européens isolés. Par exemple, got. *dauhtar* « fille » répond à gr. *thygátēr*, lit. *duktē* (accus. *dukteri*) ;
got. *daur* « porte » représente le mot indo-européen
auquel remontent arm. *durn* « porte », gr. *thyrā*,
lat. *forēs*, etc.; et ainsi d'un certain nombre de mots
isolés ; got. *þiuda* « peuple », v. isl. *þiōđ*, v. angl.
þēod, v. h. a. *diota* répondait à lette *tauta*, v. irl.
túath, osque *touto* « peuple » : c'est un de ces mots
propres à un groupe de dialectes qui s'étend de
l'italo-celtique au celtique et au slave, en passant par
le germanique ; ces mots traduisent la civilisation de
l'Europe occidentale et septentrionale. Le nombre
des mots isolés de cette sorte n'est pas très élevé ;
mais ils sont d'emploi courant et tiennent dans la
langue une place importante.

Souvent les mots conservés prennent un aspect
nouveau par l'addition de suffixes secondaires ; ainsi
l'on a vu, p. 168, comment got. *atta, qino, hairto* sont
devenus des thèmes en -*n*-. Sous l'influence de l'accusatif en -*u(n)*, got. *fotu*, le nom du « pied » est devenu thème en -*u*- : got. *fotus* (nominatif) ; v. p. 117.

Quant aux racines, elles ont cessé de fournir librement des formes nominales à côté des verbes forts. Elles sont devenues verbales, tandis que, en indo-européen, elles fournissaient également des noms et des verbes.

L'ancien suffixe des noms d'agents, *-ter-*, qui fournit au grec les types *dōtōr* et *dotér* « donateur », au latin le type *dator*, n'est plus représenté en germanique.

Le suffixe *-tei-*, qui fournissait, au second terme des composés, des abstraits et qui, sous la forme *-si-*, est demeuré productif en grec par exemple, subsiste en germanique dans des cas nombreux. Il était encore clair en germanique commun ; aussi le lien avec les formes verbales a-t-il continué d'être senti ; et, surtout en gotique, le préverbe qui sert à indiquer que le verbe exprime une action achevée figure dans les représentants de cette formation. Mais les circonstances phonétiques ont donné au suffixe des aspects divers ; il a perdu toute unité, et, par suite, il a cessé d'être productif à date historique. D'ailleurs la chute de *-i-* des syllabes finales le réduisait à une consonne au nominatif et à l'accusatif. De la racine i.-e. *men-* « penser » (représentée par got. *man* « il pense », etc.), on avait i.-e. *mn̥-tei-* « pensée » (skr. *matíḥ* « pensée », lat. *mens* de *mentis*, etc.); on a got. *ga-munds* « souvenir », v. angl. *ge-mynd*, v. h. a. *gi-munt*. Mais après *s, f, x,* on a *-t-* ; ainsi, en face de got. *giban* « donner » (*fra-giban* « remettre ») : got.

fra-gifts « remise », v. h. a. *gift* « don »; en face de got. *siuks* « malade », v. h. a. *sioh* : v. h. a. *suht* « maladie »; en face de got. *mag* « il peut »: *mahts* « puissance »; en face de got. *lais* « il sait », *laisjan* « enseigner » (v. h. a. *lēran*): *lists* « habileté, ruse »; etc. Toute largement représentée qu'elle soit et toute productive qu'elle ait été jusqu'en germanique commun, la formation ancienne en **-tei-* a changé de caractère, et les mots qu'elle comporte se sont isolés peu à peu. On ne sent plus en allemand moderne le rapport entre le substantif *zucht* et le verbe *ziehen* par exemple.

D'autre part, bien des noms qui se rattachaient directement à une racine apparaissent isolés en germanique, parce que les formes verbales de la racine sont sorties d'usage. Soit le nom neutre got. *liuhaþ* « lumière », v. angl. *lēoht*, v. h. a. *lioht*; c'est un ancien **leukoto-*, d'une racine **leuk-* représentée par lat. *lūceō* « je brille » et par skr. *rócate* « il brille »; mais le germanique — pas plus d'ailleurs que la plupart des langues indo-européennes — n'a conservé de formes verbales de cette racine.

Des mots, originairement de même racine, se sont séparés parce que les sens ont divergé; on ne voit plus comment got. *liufs* « cher », v. isl. *liūfr*, v. h. a. *liob* (cf. v. sl. *ljubŭ* « cher ») est apparenté à v. isl. *lof* « louange », v. h. a. *lob* (d'où v. isl. *lofa* « louer »,

v. h. a. *lobōn*), ou à got. *ga-laubjan* « croire », v. h. a. *gi-louben*, ou à got. *lubains* « espérance », tous mots qui sont des représentants de la racine i.-e. **leubh-* « aimer », mais qui forment en germanique autant de groupes distincts.

En somme, les mots germaniques apparaissent isolés, et non plus groupés autour de racines. Il y a des mots dérivés d'autres mots, comme v. h. a. *lobōn* « louer » de *lob* « louange »; mais il n'y a plus de familles de mots comprenant à la fois des noms et des verbes librement groupés autour d'une même racine, suivant le type indo-européen.

Bien qu'un grand nombre de restes des anciennes formations indo-européennes aient subsisté, le vocabulaire germanique a donc pris un aspect différent de l'aspect indo-européen, parce que ces types de formation ont cessé de produire des mots nouveaux et même d'être compris.

CHAPITRE II

LES ÉLÉMENTS INDO-EUROPÉENS TRANSFORMÉS

Les mots et les types de formations conservés depuis l'indo-européen ne pouvaient suffire au développement de la langue.

Comme on vient de le voir, le changement général du type linguistique et les altérations phonétiques et sémantiques obscurcissaient de plus en plus les procédés de formation des mots indo-européens, qui devaient dès lors être remplacés par des procédés nouveaux.

Les suffixes dont la forme s'était réduite à l'excès sont remplacés par des suffixes plus volumineux. L'exemple suivant donne une idée du procédé.

Il y avait en indo-européen un suffixe *-teu-* qui fournissait des noms indiquant l'acte : d'une racine *geus-* « goûter », on a en latin *gus-tu-s* « acte de goûter » ; le mot gotique correspondant est *kustus* « essai, examen » (à côté des verbes -*kiusan* « éprouver », *kausjan* « goûter, examiner »). Il ne manque pas en germanique de représentants du suffixe *-teu- comme celui-ci. Mais, sous sa forme simple, ce suffixe a cessé de fournir des mots nouveaux. — D'autre part, le germanique a développé un type de verbes dérivés en *-atjan, tels que got. lauh-atjan « briller », v. h. a. lohazzan et laugazzan « flamber », de la racine *leuk-, qui figure dans got. liuhaþ « lumière » (v. ci-dessus, p. 198). En ajoutant le suffixe *-tu- à *-at- de ces verbes, on obtient *-assu-, puisque -t + t- donne en germanique -ss-. Si donc de *ebnaz « égal », on tire un verbe *ebnatjan « égaliser » (attesté par v. angl. emnettan), on en obtiendra un substantif got. ibnassus « égalité », v. angl. emness. Ce substantif apparaît comme l'abstrait correspondant à l'adjectif *ebnaz. — Dès lors, d'un verbe tel que got. horinon « commettre adultère », on aura un abstrait horinassus « adultère », et l'on pourra, des mots de ce genre, extraire un suffixe got. -inassus, qui est net et très volumineux, et qui devient productif : de got. blotan « honorer », on pourra tirer blotinassus « culte »; de même, en vieil anglais, de ehtan « poursuivre », on aura ehtness « persécution »; de gōd « bon », gōdness « bonté »; etc. Ce suffixe a duré jusqu'à présent en anglais, où l'on a par exemple goodness.

Les suffixes, relativement clairs et volumineux, que le germanique s'est procurés par des procédés du genre de celui qu'on vient d'exposer sommairement, n'ont pas été les seuls. Un autre procédé en a fourni de plus nets encore au cours de l'histoire des langues germaniques. De l'indo-européen, le germanique a hérité le procédé de groupement de deux noms en un nom un qu'on nomme composition. Soit, dès lors, un mot tel que got. *haidus* « sorte, manière », v. isl. *heiðr* « dignité », v. angl. *hād* et v. h. a. *heit* « état, rang », mot qui répond à skr. *ketúḥ* « signe »; il pourra servir de second terme dans des composés germaniques occidentaux tels que v. h. a. *magat-heit* « état de jeune fille, virginité », v. angl. *māeden-hād* (même sens). Comme il y avait plusieurs composés comprenant ce second terme et que le mot v. angl. *hād*, v. h. a. *heit* avait un sens abstrait, ce mot a perdu sa valeur propre, et, dans angl. *maiden-hood*, *-hood* se comporte comme un suffixe; le correspondant *-heit* est devenu en allemand un suffixe très productif. Ce procédé a pris dans les langues germaniques un grand développement, et il a fourni plusieurs suffixes importants, tels que *-tum* en allemand.

Les procédés de dérivation n'ont pas été seuls à se renouveler. Beaucoup de notions ont reçu des désignations nouvelles, sans qu'on voie toujours les raisons du changement.

Il arrive par exemple que les noms de certaines parties du corps soient transformés ou remplacés par des nouveaux, parce que le nom ancien est l'objet de quelque interdiction. La croyance au mauvais œil a eu ainsi pour conséquence que l'ancien nom de l' « œil » est remplacé par d'autres désignations ou a changé de forme dans plusieurs langues indo-européennes. Le nom germanique, got. *augo*, v. isl. *auga*, v. angl. *ēage*, v. h. a. *ouga*, rappelle l'ancien nom, dont les formes lit. *akis*, v. sl. *oko* donnent une idée assez juste. Il y a eu là sans doute un arrangement artificiel, auquel l'influence du nom de l' « oreille », got. *auso*, v. isl. *eyra*, v. angl. *ēare*, v. h. a. *ōra* (avec *ō* représentant *au* devant *r* ; en nordique et en germanique occidental, on a les représentants de *z* en face de *s* gotique), cf. lit. *ausìs*, v. sl. *uxo*, ne doit pas être étrangère. — De même, la forme correspondant à lat. *caput* « tête » est conservée dans v. isl. *hǫfoð*, v. angl. *hafud*; mais le nom de la « tête » varie d'une langue indo-européenne à l'autre, et le vieux nom a été déformé en germanique par contamination avec le groupe de v. isl. *hūfa*, v. angl. *hūfe*, v. h. a. *hūba* « bonnet », et l'on a : got. *haubiþ*, v. isl. *haufuð*, v. angl. *hēafod*, v. h. a. *haubit*. — Les noms de la « main » sont aussi divers dans les langues indo-européennes : skr. *hástah* — gr. *kheir* — lat. *manus* — lit. *rankà*, par exemple ; le germanique a un mot particulier : got. *handus*, v. isl. *hǫnd*, v. angl. *hond*, v. h. a. *hant*, qui est sans doute apparenté à got. *-hinþan* « s'emparer de, prendre à la chasse », comme lit. *rankà* l'est à *renkù* « je ramasse ».

Les formes de type anomal tendent à s'éliminer pour peu que l'usage n'en soit pas très fréquent. Ainsi les formes verbales de la racine i.-e. **pō(i)-*, **pī-* « boire » (qu'on a dans gr. *pi-nō* « je bois », lat. *pō-culum* « vase à boire », etc.) étaient très singulières, comme on le voit par le présent skr. *píbati* « il boit », v. irl. *ibid*, lat. *bibit*. Elles ont disparu ou elles ont été normalisées dans la plupart des langues. Le germanique a ici un verbe particulier, dont l'aspect est bien indo-européen, mais qui n'a de correspondant dans aucune autre langue de la famille : got. *drigkan* « boire », v. isl. *drekka*, v. angl. *drincan*, v. h. a. *trinkan*.

Des mots courts sont élargis par des suffixes secondaires. Ainsi l'ancien nom du « chien », qui est conservé clairement par skr. *ç(u)vá* (gén. *çúnaḥ*), gr. *kyōn* (gén. *kynós*), v. irl. *cū* (gén. *con*), lit. *šů* (gén. *šuñs*), est représenté en germanique par **hun-da-* : got. *hunds*, v. isl. *hundr*, v. angl. *hund*, v. h. a. *hunt*.

Certains groupes de mots ont pris des sens spéciaux et se sont limités à une petite partie du sens qu'ils avaient anciennement. Ainsi la racine i.-e. **leikʷ-* « laisser, rester », de skr. *riṇákti* « il laisse », lat. *linquit* et de gr. *leipō* « je laisse », lit. *lēkù*, est conservée dans got. *leihwan*, v. isl. *liā*, v. angl. *-lēon*,

v. h. a. *līhan*, qui signifient simplement « prêter »;
la racine servait dès l'indo-européen à désigner des
transmissions d'objets ayant une valeur, et le substantif v. isl. *lān* « prêt », v. angl. *lāen*, v. h. a. *lēhan*
est à rapprocher de skr. *rékṇaḥ* « héritage »; le germanique n'a gardé que cette valeur technique. Une
partie des sens de **leikʷ-*, celle de « laisser », a été
exprimée par une ancienne racine **lēd-*, dont on a :
got. *letan* « laisser », v. isl. *lāta*, v. angl. *lāetan*, v.
h. a. *lāzan* et got. *lats* « lâche, mou », v. isl. *latr*, v.
angl. *laet*, v. h. a. *laz* (cf. lat. *lassus*, etc.). Une autre
partie du sens, celle de « rester », a été exprimée
par la racine **leip-* « se coller à, rester collé à » (cf.
v. sl. *līpēti* « être adhérent à », gr. *lípos* « graisse »)
dans got. *bi-liban* « rester », v. angl. *be-līfa*, v. h. a.
bi-līban et got. *af-lifnan*. De cette racine **leip-*, un
verbe exprimant l'état a pris un sens spécial : got.
liban « vivre », v. isl. *lifa*, v. h. a. *lebēn*; ce verbe
remplace le verbe indo-européen que représentent
skr. *jīvati* « il vit », v. sl. *živetŭ*, lat. *uīuit*, verbe qui
avait des formes anomales et qui offre des aspects
différents suivant les langues.

Par des actions diverses et dont le détail serait
infini, le germanique a transformé la plupart des
éléments indo-européens de son vocabulaire. Il en
a modifié la forme et le sens, et il en a fait le plus
souvent quelque chose de nouveau. Si par hasard
on manquait de toute donnée traditionnelle sur le

vocabulaire germanique, on serait bien embarrassé pour expliquer des textes germaniques en s'aidant seulement d'un dictionnaire étymologique des anciennes langues indo-européennes.

La façon dont le vocabulaire indo-européen — vocabulaire d'une aristocratie soucieuse de politique, de droit et de religion — a été adapté ou remplacé dans les langues germaniques ressort de l'histoire du nom de la « femme ». L'indo-européen avait un mot fléchi de manière anomale. Le germanique en a gardé deux formes, toutes deux normalisées et différenciées par le sens. Des formes alternantes à radical *$g^u en$- et *$g^{uo}n$- (irl. *ben* et gr. *gynē*), il a tiré des dérivés en -*n*- : d'une part got. *qino* (d'où *qinakunds* et *qineins* « féminin »), v. sax. *quena*, etc., de l'autre v. isl. *kona* désignent la personne de sexe féminin. D'une forme à vocalisme *ē* qui répond à véd. -*jāni*-, il a tiré un thème en -*i*-, got. *gens*, désignant la « femme mariée », la « matrone ». Continuant à évoluer, les noms de la « personne féminine » ont pris le sens de « fille publique » dans angl. *quean*, suéd. *kona* ; inversement le nom de la « matrone » a donné angl. *queen*. Pour désigner la « personne de sexe féminin », le germanique a, d'autre part, introduit un susbtantif neutre d'origine inconnue : v. isl. *vif*, v. angl. *wif*, v. h. a. *wīb*. A son tour l'anglais a différencié *wife* « femme mariée » et *woman* (de *wif-man*) « personne de sexe féminin ».

CHAPITRE III

LES ANCIENS EMPRUNTS

Entre le moment où le germanique s'est isolé du reste des dialectes indo-européens et celui où ont été fixés par écrit les plus anciens textes, le germanique a adopté un grand nombre de mots étrangers.

Quelques-uns de ces mots se retrouvent dans d'autres langues indo-européennes, sans qu'on puisse dire à quel idiome, sans doute non indo-européen, a été fait l'emprunt.

Par exemple, le nom de l' « argent » est *sirebro* en slave, *siraplis, sirablan,* en vieux prussien, *sidābras* en lituanien, *sudrabs* en lette, et les formes germaniques correspondantes sont : got. *silubr,* v. isl. *silfr,* v. angl. *seolfor,* v. h. a. *silbar.* Les divergences entre ces divers mots indiquent qu'il s'agit d'emprunts faits indépendamment à quelque idiome inconnu.

Le mot got. *paida,* v. angl. *pād,* v. h. a. *pfeit,* qui désigne une sorte de vêtement, est à rapprocher du gr. *baítē,* qui désigne un vêtement de berger, et qui en grec semble être d'origine étrangère.

Le nom du « chanvre », v. isl. *hanpr,* v. angl. *haenep,* v. h. a. *hanaf,* est manifestement à rapprocher du gr. *kánnabis* qui désigne la même plante; et ce mot n'est pas indo-européen; sa forme même le dénonce comme un mot étranger.

Le nombre des cas de ce genre est restreint. Les autres emprunts qu'on peut reconnaître ont été faits par le germanique à des langues indo-européennes voisines, en des temps et en des circonstances qu'on peut au moins entrevoir.

Quand, du v⁰ au iii⁰ siècle av. **J.-C.,** les Gaulois ont fondé leur empire dont la durée a été si courte, ils ont eu une civilisation brillante, qui a exercé sur leurs voisins une influence. C'est sans doute à cette période que remontent les emprunts du germanique au gaulois.

On sait que les Gaulois ont beaucoup développé la métallurgie du fer. Il n'est donc pas surprenant que le nom germanique du « fer », got. *eisarn,* v. isl. *īsarn,* v. angl. *īsern,* v. h. a. *īsarn,* soit d'origine celtique; la forme celtique est gaulois *isarno-,* conservé dans *Isarno-dori* « portes de fer », irl. *iarn,* gallois *haiarn.*

Le mot indo-européen qui signifie « roi » n'est conservé qu'en sanskrit et en italo-celtique : skr.

rāj-, lat. *rēx* (*rēgis*), v. irl. *rī* (gén. *rīg*) ; il avait un *ē*, dont le celtique a fait un *ī* : gaulois *rīg-* (de *Dumnorīg-*, etc.). Le germanique a emprunté le mot, avec l'*ī* celtique, avant la mutation consonantique : got. *reiks* « chef, puissant », v. isl. *rīkr*, et le dérivé v. angl. *rīce*, v. sax. *rīki*, v. h. a. *rīhhi* (même sens). — Les mots proprement germaniques qui signifient « roi » sont des dérivés secondaires faits avec des éléments germaniques : got. *þiudans* « roi » est dérivé de *þiuda* « nation », comme lat. *dominus* « chef de maison, maître » est dérivé de *domus* « maison » ; et v. isl. *konungr* « roi », d'une part, v. angl *cyning*, v. sax. *cuning*, v. h. a. *kuning*, de l'autre, sont des dérivés du nom de la « tribu », got. *kuni*, etc.

Le mot gaulois *ambactos* « serviteur » a été aussi emprunté : v. angl. *ambeht*, v. h. a. *ambaht* ; le vieil islandais n'a que le féminin *ambātt* « servante » ; le gotique a germanisé le mot, par une étymologie populaire, en y introduisant le préverbe *and-*, d'où *andbahts*. Le mot a eu en allemand une grande fortune, puisque le dérivé v. h. a. *andbahti* « service » est devenu le terme bien connu *amt*.

Ceci posé, il n'est pas douteux que de nombreux termes de civilisation communs au germanique et au celtique sont en germanique des emprunts. Ainsi le nom du « médecin », got. *lekeis*, v. angl. *lācce*, v. h. a. *lāhhi*, est un emprunt à un gaulois **lēgyo-*

(où *ē* représente une ancienne diphtongue); l'irlandais a conservé *liaig* « médecin ».

L'empire romain, qui s'étendait jusqu'au Rhin et au Danube, était en contact avec des populations de langue germanique sur une longue frontière. Durant toute l'époque impériale, des marchands romains ont trafiqué chez les Germains, et des Germains ont servi dans les légions romaines. L'influence de la civilisation romaine sur la Germanie a été très grande. Puis est venu le christianisme, qui a été répandu surtout par des missionnaires dont le latin était la langue savante. Ainsi beaucoup de mots latins ont passé au germanique.

L'unité germanique était brisée aux dates où ont eu lieu ces emprunts; mais les langues germaniques étaient encore très semblables les unes aux autres, et, en passant d'un dialecte à l'autre, les mots s'adaptaient, parce que les sujets parlants avaient le sens des transpositions à faire pour adapter la forme à chaque dialecte. La date récente de ces emprunts se marque par ceci que, à la différence des emprunts au celtique, ils sont postérieurs à la mutation consonantique du germanique commun (et antérieurs aux mutations particulières du vieux haut allemand). Mais ils ont été entièrement germanisés et ont reçu l'accent d'intensité initial. Quelques exemples donneront une idée des procédés employés.

Le lat. *catīnus* « plat » avait un dérivé *catillus*; de là est sorti le mot germanique conservé dans got. *katile* (génit. plur.), v. isl. *ketell*, v. angl. *cytel*, v. h. a. *kezzil* « chaudron ».

L'âne est un animal méditerranéen; il n'était pas connu du monde indo-européen ancien. Les Germains en ont emprunté le nom au lat. *asellus* : got. *asilus*, v. angl. *esol, eosol*, v. h. a. *esil*.

Le mot lat. *arca* « coffre, coffret » a donné got. *arka*, v. isl. *ǫrk*, v. angl. *earc*, v. h. a. *archa*.

Le témoignage le plus éclatant de l'importance qu'a eue l'influence latine est apporté par un suffixe de noms d'agents. Le suffixe lat. *-ārius* a fourni aux langues romanes leur suffixe des noms d'agents; il apparaît en italien sous la forme *-ajo*, en français sous la forme *-ier*. Or, les langues germaniques ont eu assez de ces mots latins, comme *scolārius* « écolier » à côté de *scola* « école » (v. h. a. *scuolāri* à côté de *scuola*), pour que le suffixe ait été productif sur tout le domaine. Sur le modèle du lat. *liber* : *librārius*, le gotique a ainsi *bokāreis* « scribe » de *boka* « lettre », *bokos* « livre »; il a de même *laisāreis* « professeur », de *laisjan* « enseigner », tout comme le vieux haut allemand a *lērāri*, de *lēran*. Peu fréquent en gotique, le suffixe est courant en revanche dans le domaine où s'est exercée directement l'influence romaine, le domaine germanique occidental. L'emprunt du latin *-ārius* s'est fait à une époque relativement basse, où le germanique ne transformait plus *a* en *ō*, et où il s'était de nouveau donné un *ā* : la correspondance got. *a* (c'est-à-dire ici *ā*) = v. h. a. *ā*, en syllabe non intense, suffit à indiquer le caractère récent de l'emprunt de -*ārius*.

L'influence de l'Église de Rome se manifeste parfois par l'emprunt de manières de s'exprimer : le composé got. *arma-hairts,* v. h. a. *arm-herz* « miséricordieux » est un calque évident du composé lat. *miseri-cors* et atteste à sa manière l'intensité de l'influence romaine. Mais ce calque montre qu'on s'est efforcé de trouver pour les termes chrétiens des équivalents germaniques. Par exemple pour « jeûner », on a pris le terme got. *fastan,* v. isl. *fasta,* v. angl. *fæstan,* c'est-à-dire littéralement « tenir ferme » une observance; c'est un vieux terme païen, qui a été conservé, sans doute avec une adaptation chrétienne.

Il y a eu aussi des missionnaires de l'Eglise d'Orient, mais leur influence sur le vocabulaire ne se manifeste qu'en germanique occidental, où l'on trouve plusieurs mots chrétiens venus du grec : v. angl. *cirice,* v. sax. *kirika,* v. h. a. *kiricha* « église » est un mot grec, *kyriakē.* En gotique, *aikklesjo* est une transcription savante du grec *ekklēsia* de la langue écrite.

Toutes ces influences étrangères ont donné aux

anciennes langues germaniques un bon nombre de termes de civilisation. Mais, dans l'ensemble, le vocabulaire de ces langues se compose avant tout d'éléments indo-européens conservés ou transformés. Ce n'est que dans des périodes plus avancées de leur développement que certaines langues se sont pénétrées d'éléments étrangers. L'anglais en particulier est devenu, sous l'influence de la noblesse normande, de l'église et de la science médiévale, une langue toute pleine de latin et de français, si bien que le vocabulaire de l'anglais moderne est à demi latin et roman.

Sans subir une influence latine et romane aussi étendue, toutes les autres langues germaniques ont reçu beaucoup de mots latins : le vieux haut allemand a même pris le lat. *scribere* « écrire », dont il a fait le verbe fort *skriban* (il n'y a pas de mots germaniques communs signifiant « lire » et « écrire »); et le nombre des mots latins et romans s'y est accru jusqu'à la fin du XIXe siècle.

Surtout, sous l'action du latin qui était la langue savante commune du moyen âge dans tout l'Occident, les mots des langues germaniques se sont emplis des valeurs des mots latins correspondants; d'autres mots ont été calqués sur des mots latins; ainsi v. h. a. *gi-wizzani* « conscience » (all. mod. *gewissen*) a été fait sur le lat. *con-scientia*. Là même où il est constitué avec des éléments linguistiques indigènes, le vocabulaire des langues germaniques est encore tout pénétré de l'action du latin. Malgré les apparences, il y a ainsi très loin du vocabulaire germanique commun à ceux des langues germaniques modernes

L'apparence, très germanique, de l'allemand moderne est trompeuse. Les emplois des mots sont en grande partie des transpositions de l'emploi des mots latins médiévaux ou français modernes correspondants. Beaucoup de formations sont de simples calques. Avec des éléments germaniques, des mots comme *Eindruck, Ausdruck* ne sont rien autre chose que fr. *impression, expression,* qui eux-mêmes sont les mots latins *impressiō, expressiō* légèrement adaptés. Les mots allemands sont ainsi, dans une large mesure, des mots latins ou romans pourvus d'un masque germanique. Comme la France, l'Allemagne a pris part à la renaissance carolingienne ; avec toute l'Europe occidentale, elle a eu pour langue savante le latin jusque très avant dans la période moderne. La ruine de l'empire romain a entraîné une grande baisse de la culture, et, en même temps, un rafraîchissement dû au contact avec ce qui restait des civilisations propres de l'Europe centrale et septentrionale. Mais la civilisation de l'Europe occidentale a continué celle de l'empire romain. En tant que langue de civilisation, l'allemand est donc, en une large mesure, une langue latine transposée dans le système linguistique

du germanique. Les langues scandinaves avaient
d'abord résisté davantage, parce que le monde scandinave avait conservé plus de vieilles traditions et de
vieux usages germaniques ; mais, au cours du moyen
âge, elles ont cédé à leur tour.

CHAPITRE IV

LA COMPOSITION

L'indo-européen employait, en une large mesure, des groupes de deux thèmes, le premier sans flexion, le second fléchi, rapprochés de manière à former des noms uns. Le latin a ainsi des composés tels que *in-iustus*, *bi-pes*, *agri-cola*, etc. Ces composés avaient des formes définies qui les caractérisaient; ainsi dans lat. *ex-torris* en face de *terra*, on observe à la fois un suffixe qui indique l'adjectif et une alternance vocalique: *o* en face de l'*e* du simple.

Comme ce procédé servait surtout à la langue savante, le germanique, où l'ancienne civilisation indo-européenne ne se reflète presque plus dès le début de la période historique, en a conservé peu de chose. Le type dit « possessif », de lat. *in-ops* « qui n'a pas de ressource », *quadru-pes* « qui a quatre pieds », *prae-ceps* « qui a la tête en avant », n'y est qu'à peine représenté. Le type à premier terme verbal, tel que gr. *phygo-ptólemos* « qui fuit la guerre », n'y existe pas.

Du reste les changements intervenus dans la structure de la langue les obscurcissaient beaucoup. Ainsi, suivant une règle générale de l'indo-européen, l'élément final du premier terme de composé avait le vocalisme radical zéro. Donc, en face de la négation *ne, qui est clairement conservée dans got. *ni*, all. *ni-wiht* (littéralement « pas une chose », d'où all. mod. *nicht*), la forme du premier terme de composé était *n̥-, qui aboutit en grec à *a-*, en germanique à *un-*. Au point de vue germanique, *un-* n'a plus de rapport sensible avec *ni*. Il résulte de là que, si le gotique a, d'une part, *ni kann* « il ne connaît pas », et, de l'autre, *un-kunþs* « inconnu », les deux types n'ont plus rien de commun. Dans les langues germaniques modernes, *un-* n'est plus un mot formant un premier terme de composé; c'est un préfixe qui transforme en un sens négatif un sens positif; on s'en sert pour opposer all. *un-richtig* à *richtig*, etc.

Un ancien premier terme de composé comme germ. *ga-*, équivalant pour le sens à lat. *cum*, peut ne subsister qu'en composition, et, dès lors, perd toute individualité. Dans un mot comme all. *gebirg*, *ge-* est un préfixe qui indique un ensemble, en face de *berg*; il n'y a plus composition. Et, dans un mot comme all. *gleich* ou angl. *alike*, on ne soupçonne même plus l'ancien composé *ga-līka- « dont le corps est semblable ».

La composition de type indo-européen a donc cessé de jouer un rôle en germanique : dans la mesure où il en subsiste des restes, la langue n'y reconnaît plus de vrais composés.

Les composés qu'on trouve en grand nombre dans les langues germaniques à date historique, et notamment en allemand, sont d'un type nouveau et résultent de la structure nouvelle de la langue. Tandis que la phrase indo-européenne se composait de mots autonomes librement disposés, la phrase germanique se compose, dès le moyen âge, de groupes de mots rangés en un ordre fixe. L'unité de groupe se marque en anglais de manière frappante par le fait qu'un groupe tel que *all good old men* porte, tout entier, la marque de dépendance *s* dans un groupe tel que *all good old men's works*. En allemand *die junge frau* forme un groupe lié, et où rien ne saurait être déplacé. — Or, d'autre part, le degré d'autonomie des mots dans la phrase germanique est marqué par l'intensité relative de l'accent : les éléments subordonnés à d'autres s'accentuent avec moins de force. — Des mots groupés d'une manière fixe et accentués avec une intensité différente se prêtent à exprimer une notion une : dans le groupe all. *eine junge Frau*, il y a deux notions distinctes. En rapprochant *jung* de *Frau*, comme la langue tend naturellement à le faire en vertu de sa structure phonétique et morphologique, on obtient un mot v. h. a. *iunkfrouua* (dont l'accentuation sur *fronua* est attestée), all. mod. *Jung-frau*, dont la valeur est celle de lat. *puella* ; le français a procédé de même : bien qu'écrit en deux mots, *jeune fille* est un mot un, exprimant une idée unique, et c'est si vrai que, dans le parler familier, on peut dire : « c'est trop jeune fille ». Si les deux éléments *Jung-* et *-frau* conservent chacun un accent, l'un principal, l'autre secondaire, le mot demeure un composé, et, même à demi-unis, les deux termes peuvent être sentis séparément par le sujet parlant ; tel est le cas de all. *Jungfrau*. Si, au contraire, le mot s'unifie tout à fait et s'il se soumet à la règle générale de la langue, qui, dans ce cas, accentue l'initiale et sacrifie le reste, le résultat sera une forme comme all. *Jung-fer*, où le premier élément reste clair et où le second est obscurci. En l'espèce, l'allemand possède à la fois les deux mots, *Jungfrau* et *Jungfer*.

La composition ainsi obtenue a fourni aux langues germaniques un procédé souple et commode de formation des noms. Quand le composé est traité tout à fait comme un mot un, le second terme perd et son sens et son corps phonétique ; il tend à se réduire à la valeur d'un suffixe : c'est ainsi que se sont créés des suffixes aussi importants que all. *-heit*, *-tum*, *-lich*. Quand les deux termes gardent leur individualité, on peut former par là des mots où le degré de fusion des deux termes varie à l'infini : dans un mot usuel, comme all. *Zeitschrift*, les deux termes ne sont qu'à peine perceptibles, tandis que telle formation nouvelle n'est comprise que si l'on pense explicitement aux deux termes. Les langues techniques ont dans ce procédé une ressource illimitée pour faire des mots nouveaux.

CHAPITRE V

DE QUELQUES NOMS DE NOMBRE

Le système des noms de nombre est propre à montrer combien le vocabulaire indo-européen a été altéré en germanique. Tout y remonte à l'indo-européen par une tradition continue, et pourtant presque rien n'y représente exactement les formes indo-européennes communes.

Dans le rapide examen fait ici de quelques formes, les noms de nombre ne seront cités que sous la forme gotique, à moins de raisons spéciales.

Le thème indo-européen *sem-* qui signifiait « un » n'est pas demeuré comme nom de nombre, pas même dans des premiers termes de composés comme skr. *sa-kṛ́t* « une fois », lat. *sim-plex*. Le groupe de *sem-* est bien représenté en germanique; ainsi en gotique par *sama* « le même », *samana* « ensemble », *simle* « autrefois », *sums* « quelqu'un ». Mais ces formes n'ont rien à faire avec la numération.

« Un » est exprimé par got. *ains*. C'est le mot qui signifiait originairement « seul ». Dans tout le domaine qui s'étend du baltique à l'italo-celtique, on observe pareille substitution : v. pruss. *ains*, got. *ains*, v. irl. *ōen*, lat. *ūnus* (représentant *oinos*). On est ici en présence d'une de ces particularités de vocabulaire importantes et nombreuses, qui se constatent sur le même domaine, et non ailleurs. C'est dans ces mêmes langues, du slave et du baltique à l'italo-celtique, que, par exemple, l'action de « semer » est exprimée par la racine *sē-, et que se trouve le nom de la « mer » : v. sl. *morje,* got. *marei,* irl. *muir,* lat. *mare.*

Quant à « premier », il y a, au sens du lat. *prior,* en gotique *fruma,* en vieil anglais *forma,* et au sens du lat. *primus,* en gotique *frumists,* en vieil anglais *fyrmest.* Des formes semblables se retrouvent, d'une part, dans lit. *pirmas* « premier », de l'autre, dans ombr. *promom* « primum », c'est-à-dire sur le même domaine où got. *ains* a ses correspondants. Le grec a *promos,* mais au sens de « qui est au premier rang, chef », et att. *oinos, oinē,* mais au sens de « as (des dés) ».

Ainsi qu'il arrive d'ordinaire dans les langues où les noms ont perdu la catégorie grammaticale du duel, les formes du nom de nombre « deux » ont été remplacées par des formes de pluriel ; ainsi en gotique, où l'on a *twai* (masc.), *twos* (fém.), *twa* (neutre).

Pour le génitif, la langue a utilisé une forme expressive à -y- géminé, comme l'a fait le grec pour le multiplicatif *doiós* « double » (de **dwoiyos*) en face de skr. *dvayáḥ* (même sens). On a donc got. *twaddje,*

v. isl. *tueggia*, v. h. a. *zweiio*. Le lituanien a de même le gén. plur. *dvëjũ*, de **dwoiyōn*.

Le distributif est obtenu au moyen du suffixe *-no-* comme dans lit. *dvynù* « deux par deux ». Mais c'est sur **dwis* « deux fois » que repose la forme germanique du v. isl. *tuennr* « double », comme celle du lat. *bīnī*.

C'est toujours la même répartition dialectale qu'on trouve dans l'emploi de formes apparentées, signifiant « autre » (par rapport à un seul terme), pour exprimer l'idée de « second » : v. sl. *vŭtorŭ*, lit. *añtras*, got. *anþar*, et, avec *-l-* emprunté à *alius* : lat. *alter*.

Les noms de nombre got. *sibun* « sept », *niun* « neuf » et *taihun* « dix » posent un problème : la nasale finale ne peut s'expliquer par l'ancienne nasale voyelle finale qui est représentée par le *-em* de lat. *septem, nouem, decem*, le *-a* de grec *heptá, ennéa, déka*, le *-a* de skr. *saptá, náva, dáça*. Il y aurait en gotique *-u* final. Le *-un* suppose un ancien **-ŋd* (reposant sur **-ŋd* pour « sept » et « dix »). Le *-unt-* germanique figure du reste expressément au génitif pluriel dans les noms de dizaines : *sibunte-hund* « dizaine de septaines » (70), *niunte-und* « dizaine de neuvaines » (90), *taihunde-hund* « dizaine de dizaines » (100). C'est cette dentale finale qui, par dissimilation, explique la disparition précoce du *t* de i.-e. **septm̥* dans toutes les langues germaniques : *sibun*, issu de **sibunt* représente un ancien **septm̥'t*.

Dans *sibun* et *niun*, la dentale finale est analogique de celle de *taihun* qui, seule, est étymologique : on la retrouve dans lit. *dẽšimt* et dans v. sl. *deset-* « dizaine ». La preuve qu'il faut ainsi partir de **dékṇt/*dékṃd*, c'est qu'on a en germanique occidental la représentation d'une forme **dekomd*, à vocalisme *o* : v. h. a. *ʒehan*, v. sax. *tehan*, v. angl. northhumbr. *téa*. Le contraste est celui entre gr. béotien *wikati* « vingt » et gr. *triākonta* « trente », entre arm. *k'san* « vingt » et *eresun* « trente », c'est-à-dire entre **-(d)kṃti* et **-(d)komtə*. En baltique et en slave l'ancien adjectif invariable signifiant « dix » a disparu, remplacé constamment par le nom de la « dizaine ». En germanique, les faits sont plus compliqués : le nom de nombre « dix » est bien, comme en slave, le nom de la « dizaine ». Mais tandis que la forme *-un(t)* était étendue à « sept » et « neuf », la valeur adjective de got. *sibun* et *niun* était maintenue ainsi que le caractère invariable de ces adjectifs ; et cette valeur adjective en même temps que le caractère invariable étaient étendus au nom de la « dizaine » lequel se trouvait ainsi remplir un rôle tout pareil à celui du lat. *decem*, du gr. *deka*, etc. Seule la forme fixée got. *taihuntehund*, d'après laquelle ont été faits *sibuntehund*, *niuntehund* — et même *ahtautehund* — garde trace de la valeur ancienne de *taihun*.

Le fait que « dix » est exprimé par le nom de la

« dizaine » a eu en germanique la même conséquence qu'en slave et en baltique : le type du gr. *triā-konta* « trente » ou du skr. *pancā-çāt-* (acc. *pancā-çātam*, etc.) « cinquante » ne s'est pas développé. Les noms de « dizaines » sont donc exprimés par un nom de nombre suivi d'une forme pleine du nom de la « dizaine » avec sa flexion. Ainsi « avec douze » est traduit en gotique *miþ þwaim tigum*; à l'accusatif *þrins tiguns* « trente ». A la différence de got. *taihun*, v. h. a. *zehan* qui sont d'anciens nominatifs-accusatifs neutres, ces formes sont du genre masculin ; la différence est pareille à celle qui se retrouve entre le type grec *triā-konta* (ancien nominatif-accusatif pluriel neutre) et skr. *trim-çát-* « trentaine » (féminin). Le gotique représente ici le type germanique commun. Il faut seulement ajouter que, à côté de la forme à vocalisme *e* que suppose got. *tigu-*, il y a eu une forme à vocalisme zéro, représentée par des formes telles que v. isl. *tottogo* « vingt », et *tugr* « dizaine ». Ce vocalisme se retrouve dans l'*a* de arm. *tasn* « dix ».

Le germanique se distingue du baltique et du slave en ceci que le nom *tigus* de la « dizaine » dans ces formes n'est pas issu de **dekṃt*. Quelques linguistes sont partis de la forme du cas oblique got. **tigum*, etc., qui peut reposer sur **dekṃt-m-* (avec désinence commençant par *-m-*). Mais on ne voit pas pourquoi le germanique aurait fait les formes usuelles du nominatif, de l'accusatif (et celles du génitif) sur les formes moins usuelles du datif-instrumental. A côté de la forme indo-européenne commune *dek'omt-, *dek'm̥t- et *(d)k'omt-, *(d)k'm̥t- de la « dizaine », il y a eu en indo-européen occidental une forme *dek'u- « dizaine » que supposent lat. *decu-ssis, decu-ria* et ombr. *tekv-ias* « decuriales ». C'est donc *dek'u-, *d°k'u- que représentent germ. *tigu-, *tugu (on remarquera que le type *dek'm̥t- « dizaine » n'est pas représenté en italo-celtique).

Le gotique, les vieilles formes scandinaves et certaines survivances du vieil anglais montrent que *tigu-, tugu- était fléchi. Mais, sous l'influence des noms de « cinq » à « dix », la flexion a tendu à s'éliminer partout. Déjà en vieil islandais, l'ancien duel *tottogo* « vingt », qui se trouvait hors de toute flexion normale, est devenu invariable, tandis que *þrír tiger* « trois dizaines » avait encore sa flexion. Les autres groupes se sont soudés et sont devenus invariables par la suite. En vieux haut allemand, la soudure et l'absence de flexion du mot obtenu par cette soudure se sont réalisées dès les plus anciens textes, d'où v. h. a. *zweinzug, drī-zug*, v. sax. *twēn-tig, thrī-tig*, etc. A date ancienne, le caractère de substantif de ces noms se manifeste cependant par ceci que l'objet dénombré est à l'accusatif pluriel : v. h. a. *feorzug wehhōno* « quatre semaines », v. sax. *thrītig jāro* « trente ans ». Mais, avec le temps, l'analogie des premiers noms de nombre a prévalu aussi, et l'objet dénombré a été mis au cas qu'appelle le rôle du groupe dans la phrase.

Ces particularités des noms de nombre sont doublement remarquables.

D'une part, on y voit la position dialectale du germanique parmi les langues indo-européennes. Par la forme du got. *taihun* et du v. h. a. *zehan*, le germanique concorde avec le slave et le baltique — comme aussi le nom pour « mille », got. *þūsundi*, etc. ne trouve des correspondants que dans v pruss. *tūsimtons* et v. sl. *tysęšta* — ; par la forme de **tigu-*, il concorde avec le latin *decu-*. Et le nom pour « un », got. *ains*, etc., est identique à ceux qu'on trouve en baltique d'un côté, en italo-celtique de l'autre.

D'autre part, les formes germaniques ont eu une évolution rapide, l'état ancien ne s'y distingue pas du premier coup ; si l'on ne connaissait pas les formes baltiques et slaves, l'origine de got. *taihun*, v. h. a. *zehan* serait malaisément discernable. Et, quoique les plus anciens textes laissent apercevoir la structure originelle des noms pour « vingt », « trente », etc., ces noms ont de bonne heure tendu à se conformer au type des noms pour « cinq », « six », etc. Dès le début de la tradition les formes de v. h. a. *zweinzug*, *drīzug*, etc. sont arrivées à un état qui concorde avec le type moderne.

CONCLUSION

De par ses origines dialectales, le vocabulaire germanique est plus proche du vocabulaire baltique et slave, du vocabulaire celtique et italique que des vocabulaires grec, arménien, indo-iranien. Quand des mots germaniques se retrouvent dans une seule autre langue, c'est dans l'une de celles-là. Par exemple le présent got. *tiuha* « je tire » ne se retrouve que dans balt. *dūcō*, le substantif got. *hals* « cou » que dans lat. *collus, collum*; et, d'autre part, got. *haims* « village » que dans v. pruss. *caymis*, lit. *kaimas, kēmas*; got. *hails* « bien portant » que dans v. sl. *cělŭ* « bien portant » (avec v. pruss. *kailūstikan* « santé »).

Bien qu'il conserve nombre de termes du fonds aristocratique du vocabulaire indo-européen, le germanique a, comme le latin, nombre de mots ou de formes qui semblent d'origine populaire. Ainsi l'on y trouve en grand nombre les formes expressives à consonnes géminées intérieures qui en indo-européen sont populaires; par exemple, en face de got. *bi-*

laigon « lécher », le germanique occidental offre
v. h. a. *lecchōn,* v. sax. *likkōn,* v. angl. *liccian.* Le
nom solennel de la « terre » que représentait skr.
kṣam- et gr. *khthon-* est remplacé par le dérivé, got.
airþa, etc., d'un mot de caractère plus technique,
désignant plutôt le « sol cultivable » ; il n'y a trace
de nom solennel de la terre que dans le dérivé *guma*
« homme », littéralement « terrestre », le nom lat.
homō et lit. *žmū̃,* par opposition aux dieux « cé-
lestes ». De bonne heure, la civilisation de vieux type
indo-européen a tendu à s'éliminer dans le monde
germanique.

Beaucoup d'influences étrangères se manifestent
dans le vocabulaire ; quelques-unes traduisent l'action d'un pays dont la langue est inconnue, celle à
laquelle le germanique doit le nom de l' « argent »
(got. *silubr*) par exemple ; le celtique a fourni pendant un temps des mots importants. Pour certains
mots, comme v. angl. *mearh,* v. h. a. *marah* et gall.
march, irl. *marc* « cheval », on peut se demander
si germanique et celtique n'ont pas emprunté, et
peut-être indépendamment, à un même idiome
inconnu dont ils auraient, l'un et l'autre, subi l'influence. Puis est venue l'influence de la civilisation
classique sous forme latine, surtout par la région du
Rhin, et sous forme grecque. C'est du grec *kyrikē*
que, sans doute dès le IVe siècle, la langue des
chrétiens a pris le nom germanique occidental de

l' « église » : v. h. a. *kiricha*, v. h. all. *kirika*, v. angl. *cirice*. Et si got. *hails* et le verbe dérivé got. *hailjan* « guérir », etc. sont de vieux mots germaniques, c'est pour rendre lat. *salutare* qu'ont été faits des mots tels que v. h. a. *heilazen*, v. angl. *hālettan*. On aperçoit ici dès le début comment le vocabulaire germanique s'est pénétré d'éléments gréco-latins, soit par emprunt proprement dit, soit par pénétration dans des mots germaniques des valeurs de mots de langues de civilisation.

CONCLUSION GÉNÉRALE

Le germanique commun, fait à peu près tout entier d'éléments indo-européens, et dont l'aspect est à beaucoup d'égards encore tout indo-européen, était déjà en réalité un système nouveau. En développant les innovations qu'il présentait, les dialectes en lesquels il s'est différencié ont abouti à des états de choses qui s'éloignent de plus en plus de l'indo-européen. Le groupe de tous le plus conservateur, le groupe allemand, a pourtant une grammaire tout autre que la grammaire indo-européenne et un vocabulaire pénétré de mots étrangers, de valeurs étrangères des mots. Et, là où les circonstances historiques ont hâté le développement, presque rien n'est resté du type indo-européen de la langue : en anglais, la prononciation est éminemment singulière, la grammaire est d'un type qui est le plus loin possible du type indo-européen, et le vocabulaire ne laisse presque plus apparaître que bien peu de termes anciens avec leur sens ancien. A l'indo-européen, l'anglais est lié par une continuité historique ; mais il n'a presque rien gardé du fonds indo-européen.

Chacune des langues indo-européennes offre un développement autonome de la langue commune initiale. Dans chacune on aperçoit des tendances propres qui reflètent, en quelque mesure, des usages propres aux idiomes antérieurs dont chaque groupe indo-européen a pris la place. Nulle part, ces développements originaux ne sont plus nettement reconnaissables qu'ils ne le sont en germanique. Nulle part on n'entrevoit d'une manière plus claire les tendances propres à quelque idiome antérieur. Nulle part aussi, on ne voit mieux comment l'ancien vocabulaire indo-européen s'est altéré, enrichi et adapté à des besoins de civilisation nouveaux.

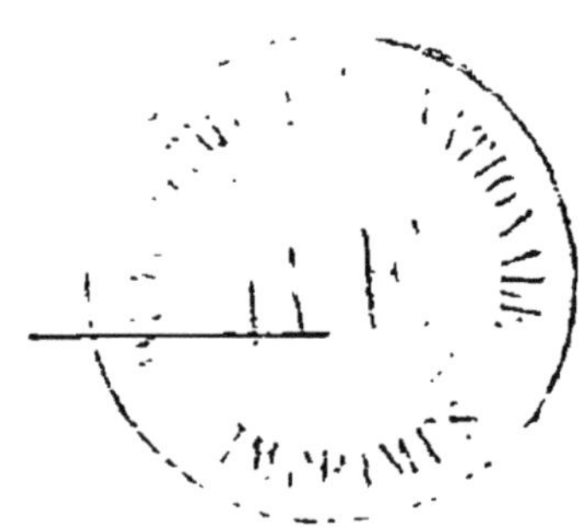

INDEX DES TERMES TECHNIQUES

On s'est efforcé d'employer dans ce petit livre le moins possible de termes techniques. Le lecteur trouvera ici la définition de ceux des termes qui n'ont pas été définis au cours de l'exposé et, pour les autres, un renvoi à la page où ils sont expliqués.

TABLE DES MATIÈRES

——

Vocabulaire

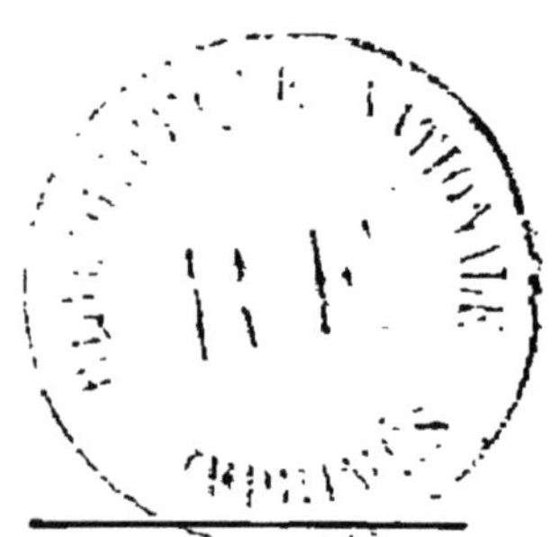

CHARTRES. — IMPRIMERIE DURAND, RUE FULBERT (6-1926)